MANA

In der Reise-Lesebücher-Reihe bisher erschienen:
„Das Island-Lesebuch" von Almut Irmscher (978-3-95503-127-5)
„Das Norwegen-Lesebuch" von Almut Irmscher (978-3-95503-130-5)
„Das Dänemark-Lesebuch" von Almut Irmscher (978-3-95503-133-6)
„Das Irland-Lesebuch" von Almut Irmscher (978-3-95503-136-7)
„Das Schottland-Lesebuch" von Almut Irmscher (978-3-95503-139-8)
„Das England-Lesebuch" von Almut Irmscher (978-3-95503-142-8)
„Das Italien-Lesebuch" von Almut Irmscher (978-3-95503-149-7)
„Das Griechenland-Lesebuch" von Almut Irmscher (978-3-95503-152-7)
Alle Bücher sind auch als E-Book erhältlich.

Bibliografische Information der Deutschen Nationalbibliothek
Die Deutsche Nationalbibliothek verzeichnet diese Publikation in der Deutschen Nationalbibliografie. Detaillierte bibliografische Daten sind im Internet unter http://dnb.dnb.de abrufbar.



Titelfoto:
Rosi Seidl

Bilder im Innenteil:
Almut Irmscher, Rosi Seidl

Umschlagentwurf, Satz und Layout
MANA-Verlag

Zeichnungen:
Tabea Sudrow

Druck
Dardedze, Riga, EU

ISBN
978-3-95503-146-6

Almut Irmscher

# Das Portugal-Lesebuch

## Impressionen und Rezepte aus dem Land der Seefahrer

Einführung ........ 9

Am Anfang war ein Hafen – Porto ........ 12
Caldo verde – Kartoffel-Kohl-Suppe ........ 19

Von ausgedörrt bis zuckersüß – die Küche Portugals ........ 20
Broa de milho – portugiesisches Maisbrot ........ 29
Gazpacho português – portugiesische Kaltschale ........ 30

Vögel, Wind und Macchia – die Natur der Algarve ........ 31
Salame de chocolate – „Schokoladensalami“ ........ 39
Ginjinha – portugiesischer Sauerkirsch-likör ........ 40

Everybody‘s gone surfin’ – surfin’ Portugal ........ 41
Sardinhas fritas com arroz de tomate – gebratene Sardinen mit Tomatenreis ........ 49

Rauch und Flüstern – das Geheimnis der Morisken ........ 50
Fios de ovos – Eierfäden ........ 58
Bolo de nozes, amêndoas e figos – Walnuss-Mandel-Feigen-Kuchen ........ 59

Die drei Reiter der Apokalypse – ein Novembermorgen in Lissabon ........ 60
Carne de porco à alentejana – Muscheln mit Schweinefleisch ........ 68
Ovos recheados – gefüllte Eier ........ 70

Lieder, Bauten, Eierkuchen – ein Spaziergang durch Lissabon ........ 71
Pastéis de Nata – portugiesische Eierküchlein ........ 79

To boldly go where no man has gone before – Heinrich der Seefahrer ........ 80
Frango piri piri – scharfes Hähnchen auf portugiesische Art ........ 88

Tief im Westen – die Ponta de Sagres und das Cabo de São Vicente ........ 89
Arroz de marisco – Reis mit Meeresfrüchten ........ 97
Toucinho do cèu – „Himmelsspeck“ ........ 99

Der alte Mann und der Baum – Weltmarktführer im Eichenhain ... 100
Peixinhos da horta – „Fischlein aus dem Garten“ ... 108

Märchenschlösser und Traumgespinste – die fantastische Welt von Sintra ... 109
Queijadas de Sintra – Käseküchlein aus Sintra ... 117
Bife à Marrare – Steak auf Lissaboner Art ... 118

Aufbruch der Entdecker – das Ringen um den Weg nach Indien ... 119
Pastéis de bacalhau – Stockfischfrikadellen ... 127
Bacalhau à brás – Stockfisch-Kartoffel-Pfanne ... 128

Land der Leidenschaft – erster Teil: Maria ... 129
Bolo Rei – Königskuchen ... 137
Pudim flan – Karamellpudding ... 138

Land der Leidenschaft – zweiter Teil: Pedro und Inês ... 139
Cozido à portuguesa – portugiesischer Eintopf ... 146
Sopa de abóbora com gengibre e coentro – Kürbissuppe mit Ingwer und Koriander ... 148

Der Wanderer und der Esel – Entschleunigung auf sechs Beinen ... 149
Açorda – portugiesische Brotsuppe ... 157
Pão de ló – Biskuitkuchen ... 158

Wie gewonnen, so zerronnen – Aufstieg und Fall der Kolonialmacht ... 159
Feijoada à portuguesa – Bohneneintopf auf portugiesische Art ... 168

Ein Sommertag im Herbst – Geschichten aus Lagos ... 171
Bifana no pão – Schweineschnitzel im Brot ... 177
Sangria portuguesa – portugiesische Sangria ... 178

Flower-Power auf Portugiesisch – die Nelkenrevolution ... 179
Caldeirada de peixe – portugiesische Fischsuppe ... 187
Torta de Laranja – portugiesische Orangenrolle ... 189

Das letzte Wort ... 190

Danksagung ... 191

# Einführung

Mit machtvollen Wogen rollt der Atlantik gegen das Land, das in zerklüfteten Klippen jählings hin zu ihm abbricht. Gierig und unbeirrbar nagt er an der Küste, drängend fluten seine Wellen den schmalen Streifen des Strandes, sie schlagen hoch gegen die Felsen und brechen sich zu Myriaden von Tropfen im erbitterten Kampf der Elemente. Trotzig ragt ein geschundener Stein aus den Fluten, Bastion des Widerstands gegen die Allgewalt des Ozeans, und doch nichts als ein verlorener Außenposten im ewigen Tanz der Gezeiten. Denn in der Kraft der Beharrlichkeit liegt die Macht des Atlantiks. Unaufhaltsam arbeitet er sich voran, und tosend modelliert er die Küste nach seiner Fasson.

Doch muss er ein großer Künstler sein, denn seine Skulpturen sind wahrlich einzigartig. Die Klippen formen ein monumentales Bollwerk, wie die Wehrmauern eines Reichs von Giganten. Lang gestreckte Riffe und bizarre Felsen schmücken sie mit geheimnisvollen Gebilden, die wirken, als seien sie der fremdartigen Fantasie des beseelten Atlantiks entsprungen. Fast möchte man glauben, er sei ein lebendiges Wesen voll Wünsche und Träume.

Er hat die schuppigen Rückenkämme wilder Meeresungeheuer erschaffen und prachtvolle Tore, hinter denen sich die farbenfrohen Fassaden seiner Märchenpaläste verbergen. In den hohen Festhallen gefluteter Höhlen lässt er magische Lichter tanzen, und seine friedlichen Strände liegen wie verborgene Paradiese zwischen den uneinnehmbaren Burgmauern steil aufragender Klippen oder zieren die weitläufigen Ufer mit ihrem goldenen Band.

Hoch über der Küste habe ich einen Platz gefunden, und fasziniert blicke ich hinab auf das Schauspiel der Ewigkeit, das sich zu meinen Füßen darbietet. Licht und Intensität des Spektakels folgen der großartigen Dramaturgie dieser fantastischen Inszenierung der Natur. Mal türmen sich wütende Wellen zu haushohen Wänden, dann wieder wogen sie ruhig und in friedlichem Rhythmus, als seien sie der sanfte Odem des schlafenden Meeres. Erstrahlten sie eben noch im gleißenden Licht der Mittagssonne überschwänglich blau und türkis, so hüllen sie sich am Abend in zartrosa schillernde Seide, um später unter dem sternenglitzernden Nachthimmel ein Festgewand aus tiefblauem Samt anzulegen.

Dieser Darbietung zusehen zu dürfen, empfinde ich als Geschenk ohnegleichen. Was braucht es mehr, als die Schönheit und Großartigkeit der Natur? Welch ein beneidenswertes Land, das mit dieser Erhabenheit gesegnet ist.

Der Ozean ist Portugals allergrößter Schatz. Seit jeher nährt er die Menschen. Er brachte aber auch Fremde an die Küsten, Griechen, Römer und Mauren, die das Land verändert und geprägt haben. Auf seinen Fluten trug er später die Portugiesen selbst zu neuen Ufern. So hat er ihnen die Augen geöffnet und gezeigt, dass ihr eigener Horizont gewiss nicht das Ende der Welt ist. Die ersten europäischen Entdecker stachen von Portugals Küsten aus in See, vom äußersten Westen des Festlands, wo sich der raue Atlantik in endloser Ferne zu verlieren scheint. Mit ihrem Aufbruch ins Ungewisse endete die stumpfe Dogmatik des Mittelalters. Portugals Seefahrer machten ihr Land zur reichen und wichtigen Kolonialmacht, sie ebneten aber auch für ganz Europa den Weg in die neue Epoche der Aufklärung.

Der Glanz des Kolonialreichs ist im Schatten von Ausbeutung und Unterdrückung gebrochen, und schließlich haben die Strömungen der neuen Zeit auch die einstmals geknechteten Kolonien erfasst und befreit. Doch das Füllhorn des Meeres ist unerschöpflich und sein Reichtum wandelbar. Jetzt schenkt es den Menschen in Portugal neue Möglichkeiten, ihren Lebensunterhalt zu verdienen: Reisende kommen, um die Schönheit des Ozeans zu bestaunen und seine Offerten zu nutzen. Neben Portugals Kunst- und Kulturschätzen sind es vor allem seine herrlichen Küsten, die das Land mit alljährlich rund siebzehn Millionen Gästen zu einem der meistbesuchten der Welt gemacht haben. Deshalb ist der Tourismus heute eine der wichtigsten Einnahmequellen der Portugiesen.

Von meinem privilegierten Aussichtsplatz hoch über der Westküste der Algarve möchte ich aufbrechen, um mehr über Portugal zu erfahren, und ich lade Sie dazu ein, mich auf dieser Reise zu begleiten. Für Ihren visuellen Eindruck finden Sie ergänzend zum Buch viele Fotos aus Portugal auf meiner Website *www.almutirmscher.de.*

Willkommen in Portugal! – *Bem-vindo a Portugal!*

# Am Anfang war ein Hafen – Porto

Portugal ist seit unvorstellbar langer Zeit von menschlichen Wesen besiedelt, vielleicht sogar schon seit einer halben Million Jahren. Damals herrschten noch Urmenschen über das wilde Land am Atlantik. Erst vor vergleichsweise kurzer Zeit, vielleicht vor rund 40.000 Jahren, wanderte der Homo sapiens ein und mit ihm die rasante Entwicklung, mit der er bedingt durch sein Vormachtstreben die Welt in Atem hält. Schon bald betrieben die Neuankömmlinge Handel untereinander, ihre Routen erstreckten sich quer durch Europa bis in die Levante und nach Nordafrika.

Als sie dann die Seefahrt für sich entdeckten, dauerte es nicht lange, bis sich manche von ihnen aufmachten, um in neue Regionen vorzudringen und sich dort niederzulassen. Die Phönizier waren die ersten, die einen Handelsstützpunkt an der Küste der Algarve errichteten. Im 6. Jahrhundert v. Chr. gründeten die expansionsfreudigen Griechen einige Kolonien an der Westküste des heutigen Portugals, und schließlich besetzten Karthager den Süden der Iberischen Halbinsel.

Doch erst die Römer legten den Grundstein zu dem, was wir heute als Portugal kennen. Die Großmacht der Antike vertrieb sowohl Griechen als auch Karthager und nahm um 200 v. Chr. die Iberische Halbinsel ein. Allerdings setzte im Norden des heutigen Portugals ein kleines Volk den römischen Legionen heftigen Widerstand entgegen und wehrte sich ganze 200 Jahre lang standhaft gegen die Invasoren. Diese Menschen, deren Geschichte an Asterix und seine tapferen Gallier erinnert, gehörten der sogenannten Castrokultur an. Sie lebten als Jäger und Bauern, außerdem verarbeiteten sie Metall. Seit dem Ende der Bronzezeit wohnten sie in befestigten Siedlungen im Nordwesten der Iberischen Halbinsel.

Als es den Römern schließlich doch gelang, die wehrhaften Castros zu unterjochen, da betrachteten sie die in deren Land vorhandene Infrastruktur und überlegten, wie sich diese dem römischen System am besten einverleiben ließe. Kurz vor der Mündung des Flusses Douro existierte ein kleiner Handelshafen, den die Griechen einst angelegt hatten. Weil die Gegend so idyllisch und hübsch anzuschauen war, trug dieser Hafen den griechischen Namen „Kalos", das heißt „schön". Die Römer beschlossen, den Hafen von Kalos auszubauen und für ihre Zwecke zu nutzen. Dazu siedelten sie unterworfene Kelten aus anderen Teilen des Reichs hier an, romanisierten den griechischen Namen zu „Cale" und setzten diesem zum besseren Verständnis noch das lateinische Wort für „Hafen" voran: „Portus". So entstand die Hafenstadt Portus Cale.

Um sie leichter verwalten zu können, teilten die Römer die Iberische Halbinsel zunächst in eine östliche und in eine westliche Provinz, das diesseitige und das jenseitige Hispanien. Erst in der Kaiserzeit veränderten sie die Grenzen und schufen die neue Provinz Lusitania mit einem Territorium, das im Wesentlichen das heutige Portugal umfasste, dazu noch einen kleinen Teil im Herzen der Halbinsel, der heute zu Spanien gehört. Sie gründeten Städte, bauten Straßen und sorgten für ein Gesellschaftssystem im römischen Stil. Römische Siedler brachten die lateinische Sprache mit, aus der sich später sowohl das Portugiesische als auch das Spanische entwickeln sollten.

Doch von Portugal war noch keine Rede. Das änderte sich auch nach dem Fall des römischen Imperiums nicht, als während der Epoche der Völkerwanderung die verschiedensten Stämme in das Gebiet vordrangen und für eine Weile in rascher Abfolge immer wieder wechselnde Reiche gründeten.

Auch zur Zeit der maurischen Herrschaft ab dem 8. Jahrhundert war an das Portugal, wie wir es heute kennen, noch nicht zu denken. Die Mauren brachten ihre eigene Kultur und vor allem ihr überragendes Wissen in Bezug auf Landwirtschaft, Technik und Medizin ins Land. Ihre arabische Sprache vermischte sich mit dem Alltagslatein der Einheimischen und prägte so das spätere Portugiesisch ganz maßgeblich mit.

Nur der Nordteil der Iberischen Halbinsel interessierte die maurischen Eroberer nicht. Mag sein, dass den sonnenverwöhnten Arabern das dortige Klima zu kühl und feucht erschien, jedenfalls begingen sie einen großen Fehler, indem sie diese Region als belanglos abtaten. Denn hier sammelte sich im Königreich Asturien der Widerstand gegen die muslimischen Besatzer. Asturien wurde zur Keimzelle der Reconquista, der christlichen Rückeroberung der Iberischen Halbinsel. Schon im Jahr 868 gelang es asturischen Truppen, die alte Römerstadt Portus Cale einzunehmen, die inzwischen den Namen Portucale trug. So entstand die Grafschaft Portucale, aus der wiederum im 12. Jahrhundert das unabhängige Königreich Portugal hervorging. Die Stadt Portucale bezeichnete man der Einfachheit halber inzwischen nur noch schlicht als Porto.

So ist denn das heutige Porto zur Namensgeberin des ganzen Landes geworden. Verständlicherweise hat diese Tatsache den Bewohnern der Stadt stets ein hohes Selbstbewusstsein geschenkt. Die stolzen Portuenser wussten, ihre Schäfchen ins Trockene zu bringen. Und als Portugal während der europäischen Expansion zum Kolonialreich aufstieg, da explodierten in Porto Wohlstand und Reichtum dank des florierenden Handels bis ins Unermessliche. Im Hafen der

Stadt wurden Nahrungsmittel und Rohstoffe wie Tropenholz, Farbstoffe, Edelmetalle und Edelsteine umgeschlagen, außerdem betrieb man Sklavenhandel. Vor allem aber ging es um kostbare Gewürze aus Indien. Ab dem 16. Jahrhundert lag der größte europäische Gewürzmarkt in portugiesischer Hand.

Der ehemalige Reichtum manifestiert sich bis heute in den zahlreichen barocken Kirchen und den bürgerlichen Steinhäusern der Altstadt von Porto. Trotzdem präsentiert sich die zum UNESCO-Weltkulturerbe zählende Ribiera inzwischen eher wie ein buntes und chaotisches Piratennest denn wie eine würdevolle Handelsstadt.

Sie ist der älteste Teil von Porto, der sich vom Ufer des Douro in engen, verwinkelten Gassen steil am Hang emporzieht. Einerseits stellt sie mit ihrem reizvollen Ambiente und den zahllosen Geschäften, Souvenirläden, Kneipen und Restaurants zwar einen wahren Touristenmagneten dar. Andererseits will kaum noch ein Einheimischer in den düsteren und aufgrund der schmalen Wege schwer zugänglichen Altbauten leben. Deshalb stehen die Etagen oberhalb der Ladenlokale meist leer, und weil nur wenige Gebäude saniert werden, sind die meisten in schlechtem baulichen Zustand.

Doch viele Besucher nehmen diese Probleme angesichts der farbigen Fassaden und des nicht minder bunten Treibens kaum wahr. Das mag auch daran liegen, dass die von der markanten eisernen Bogenbrücke Ponte Dom Luís I überspannte Uferpromenade noch einen weiteren Anziehungspunkt zu bieten hat. Denn vor ihr dümpeln die historischen Boote der Portweinkellereien verträumt auf dem Wasser des Flusses. Wen kümmert es angesichts dieses malerischen Anblicks, dass die Boote heute nur noch den Touristen zuliebe hier liegen?

Der Süßwein ist Portos berühmtester Exportschlager, und auch für ihn fungiert die Stadt als Namensgeberin. Schon in der Antike genoss der Wein, der im Hinterland von Porto kultiviert wird, einen grandiosen Ruhm. Sein Anbaugebiet Alto Douro zieht sich entlang der Täler des Flusses Douro und ist die älteste Weinbauregion der Welt mit geschützter Herkunftsbezeichnung. Ausgebaut, gelagert und vertrieben wird dieser Wein seit jeher in Porto, wohin er früher flussabwärts mit kleinen Booten transportiert wurde, ganz wie sie hier noch heute am Ufer liegen. Inzwischen haben aber längst Lastwagen die Anlieferung übernommen.

Es gibt viele verschiedene Sorten von Portwein, je nachdem, welche Trauben für seine Herstellung verwendet werden und wie er ausgebaut wird. Meist ist er rot, es gibt aber auch weiße Varianten. Startet er seine Laufbahn noch wie jeder andere Wein durch Gärung des Mostes, so wird er zum Portwein, indem er zu einem bestimmten Zeitpunkt mit hochprozentigem Weinbrand vermischt wird.

Dieser als „Aufspritzen“ bezeichnete Vorgang bringt die Gärung zum Stoppen, und je nachdem, wann die Beimischung erfolgt, erhält man einen mehr oder weniger süßen Portwein. Ist die Gärung noch nicht weit fortgeschritten, verbleibt ein höherer Zuckeranteil im Wein, eine lange Gärungszeit hingegen sorgt für einen trockenen Geschmack, weil der Zucker währenddessen weiter in Alkohol umgewandelt wurde. Die Menge des zugesetzten Branntweins wird dann entsprechend angepasst, denn der Gesamtalkoholgehalt des Portweins darf 19 bis 22 Prozent nicht überschreiten.

Der Wein reift zwei bis höchstens sechs Jahre in großen Fässern und wird anschließend auf Flaschen gezogen. Gute Jahrgänge erfahren erst dann ihre besondere Reifung, die besten lagern zu diesem Zweck mindestens zehn Jahre lang in der Flasche, die allerbesten schmecken erst nach Jahrzehnten so richtig gut. Die edelsten Portweine heißen Tawny und reifen in kleinen Fässern heran. Ihr Farbspektrum reicht von kräftigem Dunkelrot bis hin zu hellem Bernsteingelb. Dank seines hohen Zucker- und Alkoholgehalts ist Portwein ausgesprochen lange lagerfähig. Den weißen Portwein trinkt man gut gekühlt als Aperitif, roten „Ruby Port“ reicht man bei Zimmertemperatur zum Käse oder zum süßen Dessert. Der geschmacksintensive Tawny hingegen dient traditionell als Digestif.

Zu großem Ruhm gelangte der Portwein im 18. Jahrhundert, als er in englischen Adelskreisen zum Modegetränk aufstieg. Englische Weinhändler errichteten in dieser Zeit zahlreiche Handelshäuser in Porto, und jahrzehntelang waren bis zu 15 Prozent der Einwohner Portos Engländer.

Diese Blütezeit durchbrach die Invasion der Franzosen während der napoleonischen Feldzüge, die für die Portuenser verheerende Folgen nach sich zog. 4.000 Menschen starben beim Einsturz einer Brücke, als sie vor den französischen Truppen zu fliehen versuchten. Wenige Wochen später gelang es den Engländern unter Marschall Wellington, die Stadt wieder zu befreien.

Doch entdeckten die Franzosen während der kurzen Besatzungszeit ihrerseits die Liebe zum Portwein. Heute ist Frankreich mit rund 30 Prozent Anteil am Auslandsverkauf der weltweit größte Abnehmer von Portwein. Mit nur noch gut sieben Prozent der Exportquote sind die Engländer nach den Holländern und den Belgiern auf den vierten Platz abgerutscht. Allerdings kaufen sie heute die hochwertigeren Weine, während sich die Hauptabnehmer mit den Standardqualitäten begnügen. Die Deutschen konsumieren nur rund drei Prozent des jährlich produzierten Portweins. Und trotzdem begeistern auch sie sich für die Weinkellereien der Stadt Porto, die den Touristen natürlich auch Führungen und Verkostungen anbieten.

Möchte man für den Alkoholkonsum zunächst eine gute Grundlage schaffen, so bestellt man in Portos Restaurants am besten einen Teller Tripas à moda do Porto. Das ist das typische Gericht der Stadt, ein Eintopf aus Innereien, besonders Kutteln. Wem das nicht ganz geheuer ist, der wählt Francesinha, eine andere Spezialität aus Porto. Hierbei handelt es sich um eine Art Sandwich, das während der Belagerung durch die napoleonischen Truppen erfunden wurde, vermutlich inspiriert durch die kulinarische Vorliebe der vielen Engländer, die damals in der Stadt lebten. Das belegte Brot ist schnell gemacht und diente deshalb als rasche Mahlzeit für die hungrigen Soldaten während des Krieges gegen Napoleons Armee. Auf eine Scheibe Toast wird etwas Rindfleisch, Schinken oder Wurst gelegt, das Ganze überbackt man mit Käse und übergießt es dann mit würziger Tomatensauce. Heutzutage runden zudem Pommes Frites den schnellen Imbiss ab.

Die dritte Lieblingsspeise der Portuenser hat inzwischen das ganze Land erobert und ist zum Nationalgericht Portugals aufgestiegen: Es ist die Caldo verde, die „grüne Brühe", eine Kartoffelsuppe mit einem speziellen Grünkohl, der nur in Galizien und in Portugal angebaut wird. Die Pflanzen dieses „Couve Galega", einer Unterart des Markstammkohls, werden mehr als fünf Meter hoch und ähneln eher Bäumen als dem, was wir gewöhnlich unter Kohl verstehen. Die Portugiesen lieben diesen besonderen Kohl, und eine Caldo verde ist keine Caldo verde, wenn man ihn durch andere Kohlsorten zu ersetzen versucht. Findige Köpfe haben aber herausgefunden, dass Kohlrabiblätter einen geeigneten Ersatz darstellen. Versuchen wir uns also mit einem Rezept, auch wenn uns kein Couve Galega zur Verfügung steht!

## Caldo verde – Kartoffel-Kohl-Suppe

### Zutaten für 4 Personen:

500 g Kartoffeln (mehlig kochend)
250 g Couve Galega (alternativ: Kohlrabiblätter)
250 g Chouriço (eine pikante Paprika-Knoblauch-Salami, spanisch „Chorizo“)
2 Zwiebeln
3 Knoblauchzehen
1 l Gemüsebrühe
1 Lorbeerblatt
würziges Olivenöl
Salz
Pfeffer

### Zubereitung:

Zwiebeln und Kartoffeln schälen und würfeln, die geschälten Knoblauchzehen in dünne Scheiben schneiden. Einen Schuss Olivenöl erhitzen, Zwiebeln und Knoblauch darin glasig dünsten. Mit Gemüsebrühe ablöschen, Lorbeerblatt und Kartoffeln hinzugeben, salzen, pfeffern, aufkochen und dann bei mittlerer Hitze abgedeckt 45 Minuten lang köcheln, bis die Kartoffeln zerfallen. Chouriço in Scheiben schneiden und ohne Fett 10–15 Minuten in einer Pfanne braten, das ausgetretene Fett abgießen. Den Couve Galega waschen, dicke Stängel entfernen, die Blätter aufrollen und in sehr dünne Streifen schneiden. Mit der Wurst zur Suppe geben, umruhren und 5 Minuten köcheln. Die Kohlblätter sollen noch Biss haben. Auf Tellern verteilen und je 1 El Olivenöl darüberträufeln. Mit Weißbrot oder dem typischen Maisbrot Broa servieren.

Den bei uns kaum erhältlichen Couve Galega kann man gut durch Kohlrabiblätter ersetzen, die man auf dem Wochenmarkt oft gratis bekommt. Caldo verde wird traditionell Silvester nach Mitternacht verspeist.

## Von ausgedörrt bis zuckersüß – die Küche Portugals

Wo wir nun schon beim Essen angekommen sind, werfen wir doch einen genaueren Blick auf die Speisekarte Portugals. Fragt man nach der typischen Delikatesse schlechthin, so wird ganz selbstverständlich auf ein weißes und plattes Gebilde gezeigt, das kopfüber aufgehängt wie ein erlegter Alien wirkt: der Bacalhau. In Portugal ist er unvermeidlich, man findet ihn in jedem Supermarkt, in kleinen Läden, an Marktständen und im Norden des Landes auch auf Holzgerüsten an den Stränden. Hier wird er nämlich erst zu dem, was er ist.

Bacalhau ist der Stockfisch Portugals. Der aufgeschnittene, ausgenommene und aufgeklappte Leib des Kabeljaus trocknet, sorgsam mit Meersalz eingerieben, rund 150 Tage lang in Sonne und Wind. Bretthart gelangt er sodann in die Küchen des Landes, und hier ist er ganz offensichtlich der König. Es heißt, die Portugiesen wüssten für jeden Tag des Jahres ein neues Rezept für den Bacalhau, ob eingeweicht oder mariniert und gekocht, gegrillt oder gehackt und mit weiteren Ingredienzien vermischt oder gar kurzerhand roh geknabbert. Tatsächlich finden sich Rezepte für alle Gelegenheiten, Bacalhau als Snack, Vorspeise oder Suppe, als Salat oder als Hauptmahlzeit, ja, allen Ernstes sogar als Dessert. Die Portugiesen haben offenbar wirklich ein Faible für ihren Trockenfisch!

Den Bacalhau stellt man in Portugal schon mindestens seit dem 13. Jahrhundert her, und das ist nicht weiter verwunderlich. Ist er doch fast unbegrenzt haltbar, leicht an Gewicht und dennoch voller wichtiger Nährstoffe. Das machte ihn für die Seefahrer zum idealen Proviant schlechthin. Es heißt sogar, die großen Entdeckungen und den Aufstieg Portugals zur Kolonialmacht hätte es ohne den Bacalhau niemals gegeben.

Dabei stammt die Idee mit dem Trockenfisch eigentlich von den Norwegern. Kabeljau gibt es vor deren Küsten seit jeher in Mengen, doch obwohl sie auch keinerlei Mangel an Meerwasser haben, stellte die Salzgewinnung im größeren Umfang die Norweger in früheren Zeiten doch vor erhebliche Probleme. Denn in dem feuchtkalten Klima verdunstet das Meerwasser nicht. Ganz anders hingegen in Portugal, das schon lange für sein Meersalz berühmt ist. So machten sich bereits seit der vorletzten Jahrtausendwende mit Salz beladene Schiffe aus Portugal auf den Weg nach Norden und kamen von dort mit Stockfisch wieder zurück. Die kostbare Fracht diente damals allerdings noch nicht den portugiesischen Seefahrern. In der fleischlosen Fastenzeit stellte der Dörrfisch vielmehr für die katholischen Christen des Landes eine hochbegehrte Speise dar.

Doch wozu die Abhängigkeit von den Norwegern, wenn man das Geschäft mit dem Fisch auch selbst machen kann? Kabeljau verträgt Wassertemperaturen von höchstens 20 Grad, lieber mag er es kühler. Man findet ihn zwar zumindest im Norden vor Portugals Küsten, allerdings tritt er dort bei weitem nicht so massenhaft auf wie in Norwegen und in anderen Regionen des Nordatlantiks. Deshalb machten sich portugiesische Fischer eines Tages mit ihren Booten selbst auf den Weg Richtung Norden in die Lofoten-Region, später auch bis nach Neufundland. Der frische Fang wurde an Bord zerlegt und in Salz eingelagert zurück in die Heimat transportiert. Besonders die kilometerlangen Strände bei Furadouro an den Ufern zwischen Porto und Lissabon entwickelten sich zur Bacalhau-Küste. Hierher bringen noch heute die Fischer ihren Fang und verarbeiten ihn am Ufer zu Stockfisch weiter.

Dass diese uralte Tradition bis in unsere Zeit überdauern konnte, ist der erstaunlichen Liebe der Portugiesen zum salzigen Trockenfisch geschuldet. Jede Familie besitzt ihre eigenen alten Hausrezepte, und inzwischen beginnen Bacalhau-Spezialitäten sogar Einzug in die besseren Restaurants zu halten, wo sie lange als verpönt galten.

Für alle, die sich mit dem zähen Dörrfisch beim besten Willen nicht anfreunden können, hält Portugals Küche aber noch genügend andere Köstlichkeiten bereit. Der Atlantik beschenkt die Bewohner des Landes mit einer üppigen Auswahl an Meeresbewohnern aller Art, und die Portugiesen sind wahre Meister in deren Zubereitung. Besonders beliebt sind Sardinen, die in der warmen Jahreszeit gerne gegrillt werden. Sie gehörten noch zu Beginn der Kolonialzeit zu den preiswertesten Lebensmitteln Portugals. Daneben finden sich Doraden, Goldbrassen, Tunfisch oder Schwertfisch auf den Speisekarten, dazu Garnelen, Austern, Taschenkrebse, Meeresspinnen und vieles mehr. „Carne de porco à alentejana", auch „Amêijoas na cataplana", ist ein traditioneller Muscheleintopf mit Speck und Schweinefleisch, „Caldeirada" die typische Fischsuppe.

Aber auch jenseits von Fisch und Meeresfrüchten können Feinschmecker in Portugal eine breitgefächerte Palette von Leckereien entdecken. Die moderne Küche des Landes ist ein spannendes Sammelsurium, prall gefüllt mit den Erfahrungsschätzen der letzten Jahrtausende. Die seit der Antike bekannten Rezepte überrollte eine wahre Revolution, als die Mauren das Land eroberten und dabei ihre eigene Kulinarik mitbrachten. Insbesondere die maurische Vorliebe für Süßes und allzu Süßes prägte die portugiesische Küche. Sie hat die Portugiesen zu wahren Naschkatzen gemacht, überall im Land findet man raffinierte Zuckerbackwaren in den verschiedensten Variationen. Und die sind wirklich köstlich, beim Urlaub in Portugal ist deshalb von jedem Gedanken an eine Diät dringend abzuraten.

Die „Pastéis de Nata" sind die Stars unter den portugiesischen Küchlein. Eine alte Geschichte erzählt, dass das Rezept für diese Puddingteilchen von Mönchen eines Klosters im Lissaboner Stadtteil Belém ausgetüftelt und später an eine Zuckerraffinerie verkauft wurde. So traten sie ihren Siegeszug durch das ganze Land an. Sie bestehen aus cremegefülltem Blätterteig, bestreut mit Zimt und Zucker, und am besten schmecken sie ganz frisch und noch ofenwarm.

„Queijadas de Sintra" sind mit Frischkäse gefülltes Gebäck, „Mil folhas" Blätterteigteilchen mit Pudding und „Pastéis de Tentúgal" klebrige Blätterteigleckereien mit Eigelb und Butter, um nur wenige der zahllosen Gebäckspezialitäten zu nennen. Unwiderstehlich ist „Salame de chocolate", „Schokoladensalami", die an den Lieblingskuchen aus Kindertagen im Deutschland des letzten Jahrhunderts erinnert, den „Kalten Hund".

Beliebt sind außerdem die „Torta de laranja", eine saftige Orangenrolle aus Orangensaft, Eiern und Zucker, die gut gekühlt genossen wird, ferner Milchreis („Arroz doce"), Karamellpudding („Pudim flan" oder „Pudim Caseiro"), süße Eierspeisen („Doces de ovos") und Honigkuchen („Bolo de mel").

Doch auch wer es lieber herzhaft mag, kommt in Portugal auf seine Kosten. Denn als sich die Portugiesen ab dem 15. Jahrhundert in die weite Welt aufmachten, um ihre Kolonien zu gründen, da eroberten sie zugleich die Spezialitäten aus aller Herren Länder. Als allererste Europäer kosteten sie

Tomaten, Kartoffeln und Paprika, befanden das Probierte für gut und bereicherten fortan ihren Speisezettel damit.

Zugleich hatten sie den bevorzugten Zugriff auf alle erdenklichen Gewürze, und weil es – zumindest in besseren Kreisen – auch an Geld nicht mangelte, startete die portugiesische Küche zu einem kulinarischen Höhenflug mit den allerfeinsten und oft völlig innovativen Zutaten.

Aus den afrikanischen Kolonien hielt das gegrillte Hähnchen Einzug in Portugal, und seinen besonderen Pfiff bekam es durch Piri-Piri, eine kleine rote und vor allem scharfe Chilischote. Diese stammt allerdings nicht aus Afrika, auch wenn ihr Name der Bantusprache Suaheli entlehnt ist und „Pfeffer-Pfeffer" bedeutet. Die Chilischote hat ihren Ursprung in Südamerika. Dort lernten portugiesische Händler deren Besonderheit schätzen und importierten das Gewächs in die afrikanischen Kolonien. Die Afrikaner kamen schnell auf den Geschmack und bauten Chili großflächig an. Von dort ging es weiter nach Portugal, in großen Bündeln getrocknet und vor dem Verbrauch zu Pulver zerrieben oder geschrotet. Mithilfe von Zitronensaft und Öl wird Piri-Piri zu der teuflisch scharfen Würzpaste gleichen Namens weiterverarbeitet. Mariniert man darin ein Hähnchen und legt es dann auf den Grill, so kommt „Frango piri piri" dabei heraus, ein bis heute in Portugal äußerst beliebtes Gericht aus der Kolonialzeit.

Doch auf den Höhenflug folgte der Fall. Mit dem Kolonialreich schwand der Reichtum Portugals und ließ viele Menschen in bitterer Armut zurück. Gut, dass man die exotischen Gemüse inzwischen längst selbst anbauen konnte, und wie sich daraus köstliche Gerichte zaubern ließen, das wussten die Portugiesen ja auch. Die kostspieligen Gewürze verschwanden nun aus den Rezepten und machten Platz für Knoblauch und Kräuter wie Oregano, Thymian, Koriander oder Blattpetersilie.

Nun gewann der nahrhafte Bacalhau auch außerhalb der Fastenzeit für die Nicht-Seefahrer enorm an Bedeutung und stieg zum Grundnahrungsmittel auf.

Isst man heutzutage in Portugal gerne Rindfleisch, Lamm und Zicklein, so kam Fleisch damals höchst selten auf den Tisch, und wenn, dann meist nur in Form von billigen Innereien. Diese der Not geschuldete Eigenheit trug besonders den Einwohnern von Porto, von deren Eintopfspezialität „Tripas à moda do Porto“ wir schon gehört haben, den üblen Schmähnamen „Tripeiros“ ein – „Kuttelfresser“.

Meist gab es Fleisch früher bestenfalls als Einlage in Eintöpfen. Ein Dauerbrenner ist bis heute „Cozido à portuguesa“ mit Kartoffeln, Gemüse, Reis und verschiedenen Fleischsorten, von Blutwurst bis zu Schweinefüßen.

Das Gericht ähnelt damit in gewisser Weise der berühmten Feijoada, gesprochen „fei-schuadà“, die einst von Sklaven erfunden wurde. Sie warfen Abfälle von den Schlachtfesten ihrer Herren in den Topf, die Ohren, Füße und Schwänze der Tiere, und kochten diese mit schwarzen Bohnen stundenlang zu einer dickflüssigen Mahlzeit ein. In vielen ehemaligen Kolonien Portugals, besonders in Brasilien, ist die Feijoada weit verbreitet, aber auch in Portugal selbst schätzt man sie als preiswertes und nahrhaftes Gericht, und will man sie aufwerten, so fügt man noch Meeresfrüchte wie Hornschnecken oder kleine Kalmare hinzu.

An heißen Sommertagen serviert man besonders im Süden des Landes „Gazpacho“, eine erfrischende Kaltschale aus Tomaten, Gurken und Knoblauch. „Açorda“ ist dagegen eine Suppe aus verlorenen Eiern, Knoblauch, Koriander und Olivenöl, die über Brotstücke gegossen wird.

Das portugiesische Brot ist entweder hartes Weizenbrot oder weiches, recht fad schmeckendes Kastenweißbrot. Am liebsten aber werden „Broa de milho" respektive „Broa de Avintes" gegessen, die allgegenwärtigen Maisbrote. Broa de Avintes muss fünf bis sechs Stunden lang im Ofen backen, ist von intensiv dunkelbrauner Farbe und schmeckt bittersüß, das einfachere Maisbrot Broa de milho dagegen ist hellgelb und von mildem Geschmack.

Eine weitere typische Spezialität sind die Petiscos, kleine Häppchen, die man als Vorspeise oder als kleinen Snack zum Wein serviert. Oft werden sie Gästen im Restaurant unaufgefordert vor die Nase gesetzt, doch Vorsicht, es handelt sich keinesfalls um eine großzügige Gabe. Die verzehrten Petiscos erscheinen vielmehr hinterher auf der Rechnung. Wer sie nicht möchte, der lehnt höflich ab.

Der Fantasie sind bei den Petiscos kaum Grenzen gesetzt, die Palette reicht von eingelegtem Gemüse über Salat aus Tintenfisch bis hin zu Schnecken in Oregano. Auch der unvermeidliche Stockfisch findet hier seinen Platz, zum Beispiel in den frittierten Klößchen „Bolinhos de bacalhau". Interessant sind auch die „Peixinhos da horta", die „Fischlein aus dem Garten". Der Bezug zum Fisch ist dabei ein rein optischer, denn es handelt sich um grüne Bohnen, die in dünnem Teig ausgebacken werden. Portugiesische Missionare brachten dieses Rezept nach Japan, und die Japaner kreierten daraus ihr berühmtes Tempura.

Käse schließt den Magen zu, auch in Portugal, und hier verwendet man dazu bevorzugt den „Queijo Serra da Estrela", einen kräftigen Schafskäse aus dem Gebirge im Nordosten Portugals. Zu seiner Herstellung wird der Extrakt einer besonderen Distelart verwendet, die in dieser Bergregion häufig anzutreffen ist. Daneben gibt es noch einige weitere Käsesorten, die meist aus Schafs- oder Ziegenmilch hergestellt werden. Und weil Käse nicht nur den Magen schließt, sondern ganz nach Wahl auch den Appetit anzuregen vermag, gibt es ihn in Portugal nicht nur zum Abschluss der Mahlzeit, sondern alternativ auch als pikanten Starter.

Nun haben wir uns einmal quer durch die portugiesische Küche gegessen, jetzt fehlen dazu bloß noch die begleitenden Getränke. Neben Portwein gibt es bekanntlich den Madeira von der gleichnamigen Insel, der auf ganz ähnliche Weise hergestellt wird. Allerdings verändert er seinen Charakter durch die sogenannte „Madeirisierung", den oxidativen Ausbau durch gezielten Kontakt mit Sauerstoff. Dazu ist eine sanfte Erwärmung des Weins erforderlich, deshalb schickte man ihn früher auf eine längere Schiffsreise durch tropische Gewässer, eine Methode des Weinausbaus, die wohl eher zufällig entdeckt wurde. Heute geschieht der Prozess in besonders erhitzten Lagerhäusern, zum Beispiel unter Dächern aus Wellblech.

Daneben wird natürlich in Portugal auch normaler Wein in allen erdenklichen Qualitätsstufen produziert. Besonders beliebt, weil leicht und süffig, ist der oft noch moussierende „Vinho Verde", der junge Wein aus den großen Anbaugebieten im Hinterland von Porto. Beim Hochprozentigen fällt der „Medronho" als außergewöhnlicher Obstbrand auf, denn er wird aus den Früchten des Erdbeerbaums hergestellt. Dieses interessante Gewächs ist immergrün und wird nicht sonderlich hoch. Seine Früchte ähneln tatsächlich Erdbeeren, und man kann sie sogar verspeisen. Meist werden sie allerdings zu Marmelade verarbeitet, oder eben zu klaren Schnaps, dem Medronho.

Nach all der Völlerei bleibt uns jetzt nur noch Zeit für ein Tässchen Kaffee, doch das genießt in Portugal eine herausragende Bedeutung. Die Portugiesen trinken gern und oft „Bica", die hiesige Variante des Espresso. Kaum hat ein Portugiese zwischendurch mal fünf Minuten Zeit, so eilt er auch schon auf eine Stippvisite in eins der vielen Cafés. Ganz besonders köstlich wird der kleine Schwarze, wenn man zum Verrühren des obligatorischen Zuckers eine Zimtstange verwendet.

Worauf haben Sie nun Appetit? Ein leckeres Törtchen oder lieber ein frittiertes Stockfisch-Röllchen? Verschieben wir Letzteres noch ein bisschen und bleiben wir zunächst geschmacklich neutral. Versuchen wir uns doch mit einem Klassiker, dem Maisbrot Broa de milho. Schließlich ergänzt es hervorragend die Caldo verde, die wir nach dem letzten Kapitel schon zubereitet haben!

# Broa de milho – portugiesisches Maisbrot

## Zutaten:

250 g Maismehl
250 g Weizenmehl
½ Würfel Hefe
2 El Olivenöl
Salz
Mehl zum Bestäuben

## Zubereitung:

Das Maismehl mit einer guten Prise Salz in eine Schüssel geben. 200 ml Wasser aufkochen und langsam über das Mehl gießen, dabei mit einem Holzlöffel verrühren. Weiterrühren, bis das Maismehl zu krümeligen Brocken verklumpt, und sobald es etwas abgekühlt ist, mit den Händen verkneten und zu einer Kugel formen. Fest in Frischhaltefolie einwickeln und 30 Minuten ruhen lassen.

Inzwischen das Weizenmehl in eine Schüssel geben. Weitere 200 ml Wasser lauwarm erhitzen und die Hefe darin auflösen. Zusammen mit dem Olivenöl und etwas Salz zum Weizenmehl geben und alles zu einem geschmeidigen Teig verkneten. Nun die Maismischung hinzugeben und alles verarbeiten, bis der Teig nicht mehr klebt. Wieder in Frischhaltefolie wickeln und 2 Stunden ruhen lassen.

Danach zu einem runden Laib formen, ringsum mit Mehl bestäuben und auf ein mit Backpapier ausgelegtes Backblech legen.

Den Backofen auf 220°C vorheizen und das Brot hineinschieben. Nach 10 Minuten die Hitze auf 180°C reduzieren.

Nun noch ca. 40 Minuten lang fertig backen, bis das Brot goldbraun ist. Klopft man auf die Unterseite des Brotes, so klingt es hohl, wenn es fertig ist. Die Kruste des Broa ist dann rissig und fest.

Probieren Sie Broa ofenwarm mit etwas Meersalz von der Algarveküste und gutem Olivenöl, dazu ein Glas portugiesischen Tinto-Wein oder einen roten Vinho Verde! Oder genießen Sie es zu:

## Gazpacho português – portugiesische Kaltschale

**Zutaten für 4 Personen:**

1 kg Tomaten
1 Salatgurke
1 Zwiebel
4 Knoblauchzehen
50 ml Olivenöl
30 ml Weißweinessig
2 El gehackte frische Minze
Chilipulver (Piri Piri)
Salz
Pfeffer

**Zubereitung:**

Die Tomaten mit kochendem Wasser übergießen und häuten, dann halbieren, entkernen und anschließend pürieren. Die Gurke schälen, halbieren, entkernen und klein würfeln, Zwiebeln und Knoblauch enthäuten und sehr fein hacken.

Nun Gurken, Zwiebeln und Knoblauch in eine Schüssel geben und mit Wasser begießen, bis alles gerade damit bedeckt ist. Salzen, pfeffern, Olivenöl, Essig, die pürierten Tomaten und die Hälfte der Minze sowie Chili nach Geschmack hinzugeben, gut verrühren und einige Stunden abgedeckt im Kühlschrank durchziehen lassen.

Zum Servieren noch einmal gut durchrühren, auf Tellern anrichten und die restliche Minze darüber verteilen.

Dazu frisches Brot reichen, am besten noch ofenwarmes Broa.

# Vögel, Wind und Macchia – die Natur der Algarve

Adília ist eine drahtige Enddreißigerin und kommt aus Vila do Bispo, einem 5.000-Seelen-Städtchen im Südwesten der Algarveregion. Der Ort kann auf eine wahrhaft lange Geschichte verweisen, die Spuren der Besiedlung reichen zurück bis in die Altsteinzeit. Aber Adília reagiert auf meine diesbezügliche Frage nur mit einem Achselzucken und schiebt sich eine vorwitzige Strähne ihres dunklen Haars hinters Ohr. Natürlich, meint sie, könnten wir uns auch vorgeschichtliche Hügelgräber ansehen. Aber das liege nun einmal nicht in ihrem Themengebiet.

Adília ist Biologin und arbeitet für den Parque Natural do Sudoeste Alentejano e Costa Vicentina. Dieses große Naturschutzgebiet erstreckt sich 80 Kilometer entlang der Westküste der Algarve, der Costa Vicentina zwischen São Torpes im Norden und dem Cabo de São Vicente im Süden, außerdem noch ein Stück weiter ostwärts entlang der Südküste bis Burgau, einem Flecken, der etwa zehn Kilometer westlich der Hafenstadt Lagos liegt. Im Auftrag der Parkverwaltung bietet Adília Naturbeobachtungen für Touristen an, und heute haben wir uns mit ihr zu einer Küstenwanderung verabredet.

Obwohl sich der Oktober schon stark in Richtung November neigt, herrschen noch fast hochsommerliche Temperaturen. Wir kältegeplagten Nordländer freuen uns über die Wärme und die strahlende Sonne, doch Adília teilt unsere Begeisterung nicht. „Es hat wochenlang nicht geregnet", sagt sie, „das erhöht die Waldbrandgefahr, die in den letzten Jahren ohnehin beständig steigt." Dann hebt sie die rechte Hand in den Wind und verzieht das Gesicht, weil dieser offensichtlich nicht vorhanden ist. „Kein Wind und viel zu warm", konstatiert sie und erklärt uns den Grund für ihre Enttäuschung. Jetzt im Herbst kommen die großen Greifvögel aus dem Norden, um ihren Weg hinüber nach Afrika zu suchen. Doch sie brauchen den Wind, um die Strecke über das offene Meer bewältigen zu können.

Zweifelnd weise ich nach oben, wo direkt über unseren Köpfen ein paar mächtige Raubvögel ihre Schwingen ausgebreitet haben. Aber Adília winkt ab. „Das sind bloß Gänsegeier. Die gibt es hier recht häufig." Fasziniert blicke ich den riesenhaften Segelfliegern nach, während sie ihre Kreise weiter in Richtung Süden ziehen. Mit ihrer Flügelspannweite von gut zweieinhalb Metern erscheinen sie mir durchaus beachtenswert. Doch für Adília sind sie offenbar ganz alltäglich.

„Der Oktober ist die beste Zeit für Ornithologen", erklärt sie. Deshalb gebe es seit einigen Jahren sogar ein viertägiges Birdwatching-Festival. Dort treffen sich Vogelfreunde aus ganz Europa und bestaunen die gefiederten Reisenden. Besonders Jungvögel treibt der Drang nach Süden im Herbst in diese Region, denn sie kennen die kürzeste Route nach Afrika noch nicht. Den Weg über die Weite des offenen Atlantiks scheuen die Tiere, deshalb kreisen sie eine Weile über der Südspitze Portugals, bis sie schließlich dem Küstenverlauf ostwärts nach Gibraltar folgen, wo sie das Meer am leichtesten überqueren können.

Neben etlichen Singvögeln, Störchen, Kormoranen und Reihern sind es vor allem die rund 15 ziehenden Greifvogelarten, die das Herz der Vogelliebhaber höherschlagen lassen.

Falken, Bussarde oder Adler, bis zu 300 dieser Vögel kann man an einem einzigen Tag beobachten, vorausgesetzt, es herrscht genug Wind. „Und eigentlich weht der hier recht zuverlässig", fügt Adília fast entschuldigend hinzu, „bloß heute nicht."

Während wir unserem Pfad durch die niedrige Macchia folgen, weist sie hinab auf die Pflanzen. Wo ich nur bräunlich schimmerndes Gestrüpp wahrnehme, entdeckt sie eine artenreiche subtropische Vegetation. Jetzt im Herbst blüht die Meerzwiebel mit bis zu anderthalb Meter hohen Kerzen, ein hochgiftiges Gewächs, das die Bewohner der Gegend früher mit Mehl vermischten und als Rattengift nutzen. Aus den Zweigen der Baumheide stellten sie Schattendächer und Besen her, und das Harz der aparten Lack-Zistrose, die im Frühjahr blüht, diente als Heil- und Schönheitsmittel, aber auch zum Einheizen der Backöfen.

„Noch vor ein paar Jahrhunderten", erläutert Adília, „zeigte die Algarveküste ein ganz anderes Gesicht. Die gesamte Region war dicht bewaldet." Doch seit jeher haben die Menschen den Wald gerodet, besonders drastisch zur beginnenden Neuzeit, als Portugiesen und Spanier Unmengen von Holz für ihre Flotte und für die Feuerstätten des aufblühenden Handwerks benötigten. Zwar hat man in jüngerer Zeit umfangreiche Aufforstungsmaßnahmen in Angriff genommen und vor allem schnell wachsende Nadelhölzer und Eukalyptusbäume angepflanzt. Doch noch immer herrscht die niedrige Macchia vor, zumindest dort, wo nicht Nutzpflanzen wie Johannisbrot-, Mandel-, Feigen- und Granatapfelbäume kultiviert werden, oder Zitrusgewächse, Oliven und südamerikanische Palisanderholzbäume, die sich im Frühjahr in ein betörendes Festgewand aus blauen Blüten kleiden. Besonderen Raum nehmen die großen Plantagen der Korkeichen ein, denn im Süden Portugals liegt deren Hauptanbaugebiet.

„Die bäuerliche Landwirtschaft schwindet allerdings“, fährt Adília mit einem tiefen Seufzer fort. „Die Menschen scheuen die harte Arbeit und die Armut, deshalb wandern vor allem jüngere Leute in die Städte ab, und das Land verwaist.“ Es sei denn, sie können neue Einnahmequellen für sich erschließen. Und es liegt auf der Hand, dass sich besonders der Tourismus dafür anbietet.

Die Algarve ist durch ihre atemberaubenden Küsten berühmt geworden, die feinsandigen Strände und die bizarren Steilküsten, vor denen monumentale Felsformationen emporragen. Und als sei dies nicht schon spektakulär genug, gesellt sich auch noch ein berauschendes Farbenspiel hinzu, zwischen grellblauem Himmel, türkis strahlendem Meer, goldleuchtendem Sand und Gesteinsschichten, die sich mancherorts in allen erdenklichen Schattierungen zwischen tiefdunklem Lila, intensivem Rot oder Gelb und kräftigem Orange übereinanderlegen.

Hier, wo das Land wie ein Brett auf dem Meer zu schwimmen scheint, treffen die gewaltigen Kräfte zweier Kontinentalplatten aufeinander. Mitunter nur gut einen Kilometer von der Küste entfernt schiebt sich die Afrikanische Platte beharrlich nordwärts unter die Eurasische Platte und drückt diese dabei allmählich immer weiter empor. So treten die Sedimente der Algarve ans Licht, die während ihrer jeweiligen Ablagerungszeiten aufgrund wechselnder Umweltbedingungen ganz unterschiedliche Einfärbungen erhalten haben. Sie bestehen im Süden aus Sandsteinen, Kalkstein und Dolomit, während im Westen dunkle Schiefer und Grauwacke vorherrschen.

Ist die als „Sotavento“ bezeichnete Region im Osten von Faro noch von flachen Sandstränden und Lagunen geprägt, so steigt die Küste westlich der Stadt im „Barlavento“ zur Felsalgarve mit 20 bis 50 Meter hohen Klippen an. An ihrem westlichsten Punkt, dem Cabo de São Vicente, wendet sie sich schließlich nordwärts zur Costa Vicentina, deren Steilküste bis zu 120 Meter aus dem Meer emporragt. Hier manifestiert sich die Urgewalt der Kontinentalverschiebung in den kolossalen Verwerfungen der Schieferschichten, die wirken, als habe ein Riesenkind mit Knetgummi gespielt und dabei seiner Gestaltungslust freien Lauf gelassen.

Hierher, an die Costa Vicentina, hat uns der Zufall verschlagen. Denn wir haben unser Ferienhaus in erster Linie wegen seiner grandiosen Aussicht gebucht, weniger aufgrund seiner Lage an der Westküste der Algarve. Schon bei der Anreise konnten wir aber erkennen, welchen Glücksgriff wir zumindest für unser Empfinden damit getan haben. Denn die Südküste der Algarve ist touristisch in höchstem Maße erschlossen. Hier reihen sich vielerorts die Bettenburgen aneinander und nehmen der märchenhaften Küste damit einen Gutteil ihres Zaubers, zumindest wenn man den Blick vom Strand landeinwärts richtet.

Nicht so an der Costa Vicentina. Unser Ferienort heißt Arrifana, ein verschlafenes Nest über der Steilküste, bestehend aus niedrigen weißen Häusern, von denen viele jetzt im Herbst bereits verwaist sind. Und das, obwohl noch so großartiges Sommerwetter herrscht und die Wassertemperatur bei angenehmen 20 Grad liegt. Die Strände sind fast menschenleer, und meist begegnen uns nur Surfer, die auf besseren Wind und damit auf höhere Wellen warten.

Dass diese Küste sich ihre Ursprünglichkeit bewahren möge, dafür kämpft Adília gemeinsam mit ihren Kollegen. „Wir besitzen einen außergewöhnlichen Naturschatz, und wir wollen, dass die Menschen dessen Wert erkennen", sagt sie. Denn sie befürchtet, dass der Costa Vicentina sonst das gleiche Schicksal wie den Küsten im Süden drohen könnte. Sie weist von dem Aussichtspunkt, den wir inzwischen bei unserem Spaziergang hoch auf den Klippen erreicht haben, hinab zu der einsamen Bucht mit ihrem paradiesisch anmutenden Strand, die unter uns liegt. „Das ist die Praia do Telheiro, die man nur zu Fuß erreichen kann. Die Gemeinde wollte eine Fahrstraße mitten durch das Naturschutzgebiet bauen! Nur durch einen Gerichtsbeschluss konnte das gerade noch verhindert werden."

Nicht noch mehr Strandurlauber sind das Ziel der Naturschützer, sie wollen vielmehr das Interesse von Reisenden wecken, die sich für Natur und Kultur dieser Region begeistern können. Deshalb bieten sie geführte Wanderungen an, nicht nur zur Vogelbeobachtung, sondern auch, um die einzigartige Geologie der Region zu erkunden oder aber die steinzeitlichen Menhire, die sich in der wilden Macchialandschaft verbergen. Es gibt außerdem Bootstouren, bei denen Delfine und seltene Seevögel gesichtet werden können, oder Reitausflüge entlang der abgelegenen Strände.

Wer genügend Zeit mitbringt, kann sogar noch die ursprüngliche Seite der Südküste entdecken. Denn zwischen Sagres und der spanischen Grenze verläuft mit 300 Kilometern Länge der Wanderpfad Via Algarviana im rauen Bergland des Barrocal, eines Landstrichs zwischen der Küstenregion und dem Gebirge, der Serra. Durch Steppenlandschaften, Wälder und Obstplantagen geht es auf uralten Arbeitswegen vorbei an Dörfern, in denen die Zeit stehengeblieben scheint. Wo Ziegen meckern und Hühner durch die Gassen flattern, während alte Leute auf Bänken vor den Häusern sitzen und hier und da ein Esel über eine Steinmauer lugt.

„Nur im nachhaltigen Tourismus sehen wir eine langfristige Zukunft für uns", fährt Adília fort. „Denn so erhalten wir die Einzigartigkeit unseres Landes, schaffen aber gleichzeitig Arbeitsmöglichkeiten für die Menschen." Wenn es nämlich kein Geld zu verdienen gibt, gerät der Landschaftsschutz leicht in den Hintergrund. Deshalb bedroht nicht nur der Massentourismus die Region, sondern auch die industrialisierte Landwirtschaft mit ihren riesigen Monokulturen aus Mais und anderem Viehfutter. Damit werden nicht nur das Landschaftsbild und der natürliche Lebensraum durch die Belegung der Flächen zerstört, auch der hohe Bedarf an künstlicher Bewässerung schadet der Umwelt in dieser eher wasserarmen Region.

Ein weiteres Problem sehen die Naturschützer in den großen Windkraftanlagen, die in den letzten Jahren entstanden sind. „Natürlich habe ich nichts gegen Naturstrom, im Gegenteil", sagt Adília und blickt hinüber zu den unübersehbaren Windrädern, die nördlich von uns entlang der Straße nach Aljezur in den Himmel ragen. „Aber gerade hier, wo besonders viele Vögel im Aufwind kreisen, sind sie wirklich fehl am Platz. Immer wieder finden wir Adler, Geier oder auch mal einen Schwarzstorch, den die Rotorblätter erwischt haben." Deshalb formiert sich an der Algarve immer größerer Widerstand gegen die Windkraftanlagen.

Angesichts all dieser Probleme erkennt die Lokalpolitik inzwischen zunehmend den Nutzen, der in einem naturnahen Tourismus liegt. Die Angebotspalette wächst beständig, auch dank engagierter Guides wie Adília. Sie erzählt, dass sie im Frühjahr Wanderungen zu den Storchennestern organisiert, die man an der Costa Vicentina finden kann. Es ist das einzige Gebiet weltweit, wo Störche in den Klippen nisten. Im Sommer zeigt sie Naturfreunden die Pflanzen der Macchia und die Plätze, an denen Fischotter hier einen ihrer letzten meernahen Lebensräume in ganz Europa besiedeln. In der kühlsten Jahreszeit hingegen fährt sie mit kleinen Gruppen zu den Salzlagunen des Reserva Natural do Sapal an der Grenze zu Spanien östlich von Faro. Denn hier überwintern hunderte von Flamingos.

Adília nickt wissend. „Diese Lagunen sind nämlich ausgesprochen fischreich. Das wussten natürlich auch die Menschen seit jeher zu schätzen. Schon um 600 v. Chr. wird eine ganz besondere Hunderasse erwähnt, die Fischer in der Mündungslagune des Rio Guadiana züchteten." Diese Tiere sind dazu imstande, Fischschwärme zu wittern und ihren Herren zum richtigen Zeitpunkt das Signal für das Auswerfen des Netzes zu geben. Dann stürzen sie sich ins Wasser und treiben die Fische ins Netz hinein. Die Rasse heißt Cão de Água Português, Portugiesischer Wasserhund, und weil die Tiere nicht nur freundlich sind, sondern auch so gut wie nicht haaren, schätzt man sie heute als Familienhund. „Außerdem wurden sie weltberühmt, weil einer von ihnen mit den Obamas als First Dog ins Weiße Haus einzog", ergänzt Adília ihre Schilderung lachend. „Meine Eltern waren damals so stolz, dass sie sich selbst einen Wasserhund angeschafft haben."

Außerdem vermieten Adílias Eltern zwei kleine Gästezimmer in ihrem Haus bei Vila do Bispo und schwimmen somit ebenfalls auf der Welle des sanften Tourismus. Jetzt gerade sind ein paar Rucksacktouristen dort untergekommen, aber schon am Wochenende werden wieder Surfer aus Lissabon zu Gast sein. Die fahren regelmäßig an die Costa Vicentina. Für Surfer, meint Adília, gebe es nämlich kaum etwas Schöneres als die Westküste von Portugal.

# Salame de chocolate – „Schokoladensalami"

## Zutaten:

50 g Rosinen
100 g gehackte Mandeln
400 g Butterkekse
350 g Butter (zimmerwarm)
200 g Kakaopulver
300 ml Kondensmilch
100 g Puderzucker
2 cl Portwein
Puderzucker zum Bestäuben

## Zubereitung:

Die Rosinen hacken, mit dem Portwein übergießen, 30 Minuten ziehen lassen.

Mandeln, Butter, Puderzucker, Kondensmilch, Kakaopulver und Portwein-Rosinen in eine Schüssel geben und alles mit den Händen vermengen. So lange verkneten, bis ein feuchter Teig entstanden ist.

Die Butterkekse sodann grob zerbröckeln und vorsichtig gründlich unter den Teig mischen.

Nun den Teig in drei Teile teilen. Ein Stück Klarsichtfolie auf die Arbeitsfläche legen, einen Teigteil zu einer ca. 6 cm dicken Wurst rollen und fest in die Folie einwickeln. Sie muss an allen Seiten ganz geschlossen sein. Mit den beiden anderen Teigteilen ebenso verfahren.

Die Rollen für mindestens 12 Stunden in den Kühlschrank legen.

Vor dem Servieren auswickeln, ringsum mit Puderzucker bestäuben und mit einem scharfen Messer in Scheiben schneiden.

## Ginjinha – portugiesischer Sauerkirschlikör

**Zutaten:**

1 kg Sauerkirschen (mit Stein)
1 l klarer Schnaps
½ l Weißwein
500 g Zucker
1 Zimtstange

**Zubereitung:**

Alle Zutaten in einen Topf geben und langsam erhitzen, dabei öfters umrühren. Sobald die Flüssigkeit kurz vorm Sieden ist, vom Herd nehmen, abkühlen lassen und in Flaschen mit breiter Öffnung, besser noch in einen Rumtopf umfüllen. Verschließen und mindestens 2 Monate lang stehenlassen, dann genießen.

Der Ginjinha – auch Ginja genannt – ist in Portugal sehr beliebt. Seinen Ursprung hat er in der kleinen Stehbar „A Ginjinha" am Largo de São Domingos in Lissabon, wo seit mehr als 150 Jahren nichts anderes ausgeschenkt wird. Mittlerweile gibt es solche Spezialbars im ganzen Land. Ginjinha wird wahlweise ohne, am liebsten aber mit den eingelegten Kirschen serviert. Deren Kerne werden dann traditionell auf den Boden gespuckt.

Besonders lecker ist der Ginjinha, wenn man ihn aus einem kleinen Becher aus Schokolade genießt.

## Everybody's gone surfin' – surfin' Portugal

Fasziniert beobachte ich das Treiben auf dem kleinen Parkplatz am Aussichtspunkt unterhalb unseres Ferienhauses. Immer wieder halten hier Bullis, sie sind meist etwas klapprig, bemalt oder wild beklebt. Ihnen entsteigen bemerkenswerte Gestalten, Piratinnen und Piraten mit ungebändigtem Haar, durchtrainiert, jung oder zumindest jung geblieben. Manche haben zottige Hunde dabei, andere kleine Kinder, und einige von ihnen scheinen sogar ihren halben Hausstand mitzuführen.

Sie stehen für eine Weile zusammen, reden und gestikulieren, blicken kurz hinab in die Bucht, und schon geht es weiter. Die Stimmung, die sie umweht, erinnert mich an langst vergangene Zeiten: an die ungezwungene Freiheit des Hippielebens. Sie sind Nomaden des Hier und Jetzt unter der portugiesischen Sonne.

Am Abend treffen sie sich in einer Marisqueira, so heißen die schlichten Meeresfrüchte-Restaurants in den Fischerdörfern, und später irgendwo in den Hügeln oder auf abgelegenen Plätzen hoch über der Steilküste, wo niemand Anstoß an wilden Campern nimmt. Dort entzünden sie ein Lagerfeuer und hören Reggae-Musik, vielleicht hat auch jemand eine Gitarre dabei. Flaschen mit Vinho Verde kreisen in der Runde und, wer weiß, womöglich der eine oder andere Joint. Es ist die pure Hippie-Romantik.

Sie alle verbindet eine Gemeinsamkeit: ihr Surfbrett. Oben auf dem Bullidach festgezurrt oder neben Klamotten und Hund in den Laderaum gequetscht, sorgfältig in Schutzhüllen verstaut, liebevoll gehegt und gewienert ist es ihr ganzer Stolz. Sie sind die Bezwinger des Ozeans, die wilden Reiter des Atlantiks, und ihr Tag gehört dem stetigen Kampf mit den Wellen, der sich so verlässlich wiederholt wie ein gut geöltes Uhrwerk. Eine immer wiederkehrende Herausforderung, kreisend um die ständige Suche nach der besten Welle, dem längsten Ritt, dem größten Thrill.

Schon am frühen Morgen geht es los. Die erste Surfschule hat ihre Eleven an den Strand geschickt, gelbe T-Shirts über den Neoprenanzügen kennzeichnen sie schon von Weitem als blutige Anfänger, auf die die erfahreneren Wellenreiter Rücksicht nehmen müssen. Sie beginnen mit Aufwärmübungen, werfen die Arme in die Luft, laufen auf der Stelle, trainieren immer wieder das Aufstehen vom Brett. Und dann stürzen sie sich ins Wasser wie die Lemminge, das Surfbrett voran, und dümpeln bäuchlings auf den Wellen, dem ersten Versuch entgegenbangend. So von oben, aus gut 100 Metern Höhe betrachtet, erscheinen mir die vielen Köpfe auf den dunklen Neoprenkörpern im Wasser wie Bakterien, die auf einer Nährlösung schwimmen.

Gonçalo ist einer der Surflehrer, sehnig und braungebrannt, verspiegelte Sonnenbrille, lange schwarze Locken. „Surfen ist das Tor zum Leben“, verkündet er, „die Wellen stellen Geist, Körper und Seele auf die Probe.“ Mirielle, eine seiner Schülerinnen, lauscht beflissen und strengt sich an, seinen gegen den Wind gebrüllten Anweisungen zu folgen. Und doch gibt sie zu, eine gewisse Erleichterung zu empfinden, als der Unterricht an diesem Vormittag beendet ist. Ich habe die Französin in der kleinen Snackbar unten am Strand kennengelernt und gebeten, mir ein wenig vom Surferleben zu erzählen. Denn ich muss gestehen, dass ich keinen blassen Schimmer davon habe.

„Es ist der coolste Sport von allen", beginnt sie, „aber auch der härteste der Welt. Man braucht Ausdauer, Kraft und Koordinationsvermögen. Und dass es so schwer ist, habe ich ehrlich gesagt nicht gedacht."

Mirielle ist mit Ende vierzig nicht mehr ganz jung. Trotzdem will sie es wagen, auch wenn der Lehrgang mit dem Dahinschmelzen ihrer Illusionen beginnt. Denn nicht nur das Surfen selbst ist anders, als sie es sich vorgestellt hatte. „Man denkt ja, Surfer seien ungeheuer sexy. Und dann muss man sich in einen knallengen Neoprenanzug quetschen, dazu brauche ich mindestens fünf Minuten. Gonçalo nutzt diese Zeit und schildert uns in blumiger Sprache, dass Surfer natürlich in ihren Anzug pinkeln, weil es viel zu umständlich ist, ihn dafür auszuziehen. Es gibt im Surfshop sogar spezielle Mittel gegen den Uringeruch im Wetsuit." Sie lacht. „Und schon ist jeder Anflug von Sexyness verpufft!"

Gonçalo hat ihr ein Anfängerbrett in den Arm gedrückt, ein plattes, breites Ding, weit entfernt von den windschnittigen Modellen der Profis. Mehr Fläche sorgt für bessere Balance und stärkeren Auftrieb, die gepolsterten Kanten sollen die Greenhorns vor Verletzungen schützen. „Mit dem hässlichen Ding stehe ich dann knietief im Wasser, und wenn Gonçalo brüllt: ‚Das ist deine Welle!', werfe ich mich darauf und fühle mich dabei so ungelenk wie eine Seekuh. Jetzt muss ich paddeln und den richtigen Moment abpassen, um zum Stehen zu kommen: Die Arme auf Brusthöhe durchdrücken, die Hüfte auf einer Seite senken, das Bein der anderen Seite nach vorne ziehen und hoch!" Wer dabei nachdenke, meint sie, habe schon verloren. Wer nach unten schaue, der falle.

Und dann siegt die Welle. Sie verschlingt den Strauchelnden, schleudert ihn durchs Wasser, verwandelt ihn in einen hilflosen Fleischklumpen. Es ist ein Moment des totalen Kontrollverlusts. Das Brett schlägt gegen den Leib, die Glieder schrammen über den Meeresboden, Wasser dringt in Ohren und Nase. „Jetzt bloß nicht in Panik geraten!" Mirielles Augen flackern bei der Erinnerung. „Ruhig bleiben, die Knochen sortieren und es aufs Neue probieren. Irgendwann passiert es: Die Welle trägt mich! Es ist ein erhabenes Gefühl, so leicht und doch so gebieterisch! Dann gleite ich auf dem Brett elegant zurück bis in den Sand und fühle mich wie eine Königin!" Sie lacht. „Leider kommt das noch nicht besonders oft vor."

„Surfen ist ein königlicher Sport für die natürlichen Könige der Erde", kommt es mir in den Sinn. Diesen Satz hat Jack London notiert, der berühmte Autor von Abenteuerromanen, als er 1907 zum ersten Mal Hawaiianer bei ihrer Lieblingsbeschäftigung beobachtete. Das Wellenreiten wurde schon vor 4.000 Jahren von den Polynesiern der Südsee erfunden und erlangte später besonders auf Hawaii eine enorme kulturelle und spirituelle Bedeutung. Deshalb denken zumindest Laien zuerst an Hawaii, wenn vom Reiten auf Riesenwellen gesprochen wird.

Dabei ist Hawaii schon längst nicht mehr der einzige Hotspot des Surfens. Unglaublich, aber wahr: Portugal hat den Südseeinseln den Rang abgelaufen, und zwar haushoch! Haushoch sind nämlich die Wellen, die es an den besten Stellen zu bieten hat, und Weltrekorde werden heutzutage vor Portugals Küsten aufgestellt.

Während der Süden mit selbst im Winter meist recht humanen Wellen für Anfänger und Hobbysurfer optimale Bedingungen bietet, zieht es die wahren Cracks in Portugals nördlichere Gefilde. So hat sich zum Beispiel das 50 Kilometer nordwestlich von Lissabon gelegene Fischerstädtchen Ericeira vom Geheimtipp zum Weltsurfreservat entwickelt. 120 Orte bewarben sich 2011 um diesen Titel, den der US-Verband Save the Waves vergibt, und völlig überraschend schlug Ericeira sie alle aus dem Rennen. Denn es bietet sieben unterschiedliche Wellenformen, die allesamt Weltklasseformat aufweisen können.

Die Geschichte dieses erstaunlichen Aufstiegs begann im Spätherbst des Jahres 1967. Damals hielt ein VW-Bus mit Känguru-Aufkleber vor der Praia dos Pescadores, dem Strand der Fischer, und vor den entsetzten Augen ebenjener stürzten sich dessen Insassen, fünf junge Australier, in die Fluten und starteten ihre waghalsigen Ritte auf den meterhohen Wellen. Wähnten die Fischer sie noch in Lebensgefahr, so dauerte es nicht lange, bis einheimische Jungs den Gästen aus Down Under nachzueifern begannen. Sie warfen ihr Taschengeld zusammen und teilten sich ein Surfbrett, abwechselnd versuchte sich jeder ein Viertelstündchen in der neuen Kunst, und mit der Zeit wurden sie immer mehr.

Elf Jahre nach dem Besuch der Australier öffnete der erste Surfshop seine Pforten, geführt von einem Amerikaner, den die Surfwildnis von Ericeira in ihren Bann gezogen hatte. Und langsam begann es sich herumzusprechen. Waren Surfer aus dem Ausland vor kurzem noch Exoten gewesen, so reisten inzwischen immer mehr von ihnen auf der Suche nach dem ultimativen Kick nach Ericeira. Mit ihnen hielt auch der Surf-Kommerz Einzug in die Stadt. Surfschulen, Läden mit Brettern und Zubehör sowie Shops für Surfermode machten sich in den charmanten Häusern der Altstadt breit. Die Fassaden dieser Häuser sind – wie so oft in Portugal – mit kunstvollen Azulejo-Fliesen geschmückt, quadratisch, glasiert und bunt bemalt, eine Hinterlassenschaft der Mauren, die das Kunsthandwerk der Keramik aus ihrer Heimat mit nach Portugal gebracht hatten.

Seit der Ernennung zum Weltsurfreservat hat sich der Andrang der Surfer in Ericeira zum absoluten Boom gesteigert. Doch ist das immer noch nichts im Vergleich zu dem, was rund 80 Kilometer weiter nördlich in Nazaré geschieht.

Nazaré ist das Eldorado der wagemutigsten Hasardeure unter den Wellenreitern dieser Welt. Denn hier, vor der Küste des ehemals gottverlassenen Fischernests, türmen sich die größten Monsterwellen auf, die je geritten wurden. Und das hinter der fotogenen Kulisse einer mittelalterlichen Festung mit rotem Leuchtturm. Schaulustige reisen in Scharen nach Nazaré, wenn die Winterstürme über dem Atlantik toben und damit beste Bedingungen für die Extremsurfer versprechen. Nirgends auf der Welt können Zuschauer näher an die Riesenwellen herankommen als hier in Nazaré.

Dann steigt die Chance auf spektakuläre Schnappschüsse, denn von erhöhter Position über Festung und Leuchtturm hinweg herangezoomt wirken die Wellen noch höher, als sie es tatsächlich sind. Gelingt es dann auch noch, einen einsamen Surfer beim Ritt auf dem Monster zu erwischen, ist das Sensationsbild perfekt. Solche Aufnahmen sind es, die die Sponsoren begeistern und die Stars der Szene hinaus aufs Wasser ziehen, allen Gefahren zum Trotz. Denn die Küste vor Nazaré ist tückisch. Schon seit Jahrhunderten sprechen Fischer von der „Sandbank, die Witwen macht“.

Seine extremen Bedingungen hat Nazaré einer 230 Kilometer langen Unterwasserschlucht zu verdanken, dem Nazaré Canyon, der nahezu rechtwinklig zur portugiesischen Küste verläuft und dabei bis in eine Tiefe von 5.000 Metern hinabreicht. An der Praia do Norte, dem Nordstrand von Nazaré, trifft dieser Graben aufs Festland, und mit ihm die Riesenwellen, die der Westwind durch ihn hindurchdrückt, als sei er ein Trichter. Vor dem Strand stoßen diese Wellen bei günstigen Bedingungen zudem auf eine in Nord-Süd-Richtung verlaufende Wasserströmung, was eine weitere Vergrößerung der Wellen bewirkt. Das Zusammentreffen dieser Phänomene sorgt für Wasserwalzen, deren Höhe 30 Meter und mehr betragen kann. Solch ein 30-Meter-Monster trug den hawaiianischen Elitesurfer Garrett McNamara im Januar 2013 in Nazaré zum Weltrekord. Genau fünf Jahre später machte ihm an gleicher Stelle der Portugiese Hugo Vau seinen Titel streitig, denn die von ihm gerittene Welle soll sogar 35 Meter hoch gewesen sein. Allerdings streiten sich die Experten und es können Jahre vergehen, bis die endgültige Bestätigung vorliegt, wenn sie überhaupt jemals zustande kommt. Schließlich hat ja niemand mit einem Maßband auf dem Wellenkamm gestanden. Die Höhe kann allenfalls mithilfe des Videomaterials und anhand der Größe des Surfers als Vergleichswert ermittelt werden.

Bei der Bewältigung solcher Ausnahmewellen ist alle Amateurkunst am Ende. Die Profis reisen mit Expertenteams an, darunter Techniker, Kameraleute und mitunter sogar ein Arzt. Ganz wichtig sind die Helfer, die den Wellenreiter überhaupt erst zu seiner Welle bringen. Denn eine Monsterwelle erreicht man nicht gemütlich paddelnd auf dem Surfbrett. Vielmehr zieht ein Jetski den Surfer in die richtige Position, mitunter wird sogar ein Hubschrauber dafür eingesetzt. Und natürlich haben die Profis ein intensives Spezialtraining absolviert. Denn misslingt der Ritt, so wird der Sportler in die unvorstellbare Wucht des rasenden Wassers geschleudert. Es presst ihm die Luft aus der Lunge, reißt ihn in die Tiefe und schleudert ihn unkontrollierbar hin und her. Jeder, den dies unvorbereitet trifft, ist verloren, und oft genug verunglücken selbst die Profi-Surfer.

Die Begeisterung für den Extremsport lockt immer mehr Menschen nach Nazaré. Verbrachten früher meist nur ein paar Portugiesen und Spanier hier ihren Sommerurlaub, so ist seit McNamaras Weltrekord die Zahl der jährlichen Besucher auf 250.000 angestiegen. Und die meisten davon kommen in den Wintermonaten, in denen zuvor nichts als Flaute herrschte. Hotel- und Restaurantbesitzer freuen sich über das florierende Geschäft, die fotogene Festung wurde eigens restauriert, und die Standseilbahn, die die Gäste dort hinaufbringt, hat sich zur meistgenutzten von ganz Portugal entwickelt. Im Fischerdorf herrscht Hochkonjunktur.

„Catch a wave and you're sitting on top of the world", dudelt inzwischen der alte Song der Beach Boys aus der Anlage der Snackbar am Strand von Arrifana, „Don't be afraid to try the greatest sport around." „Schnapp dir eine Welle und du sitzt auf der Spitze der Welt. Hab keine Angst, den großartigsten Sport auszuprobieren, den es gibt."

„Was für Aufschneider", kichert Mirielle und zwinkert mir zu. „Gaben sich als die Prototypen des coolen Surfers schlechthin. Aber wusstest du, dass nur ein einziger von ihnen überhaupt surfen konnte?"

# Sardinhas fritas com arroz de tomate – gebratene Sardinen mit Tomatenreis

## Zutaten für 4 Personen:

1 kg frische Sardinen (küchenfertig)
250 g Reis
3 Tomaten
1 Zwiebel
1 Knoblauchzehe
1 Lorbeerblatt
20 ml Olivenöl
2 El gehackte Blattpetersilie
Salz (am besten Meersalz von der Algarve)
Pfeffer
Mehl
Speiseöl zum Braten

## Zubereitung:

Zwiebel und Knoblauchzehe häuten und fein hacken. Die Tomaten mit kochendem Wasser übergießen, häuten und anschließend würfeln.

Das Olivenöl in einem Topf erhitzen, Zwiebeln und Knoblauch darin glasig anschwitzen, dann Reis, Lorbeerblatt und Tomaten hinzugeben, kurz mitrösten und danach mit 1 l Wasser ablöschen. Salzen, kurz aufkochen und bei milder Hitze fertig garen.

Die Fische pfeffern, salzen und in Mehl wälzen. Reichlich Öl in einer Pfanne erhitzen und die Fische darin auf jeder Seite 3 Minuten braten, bis sie leicht gebräunt sind. Auf Küchenkrepp abtropfen lassen. Den Reis mit den Sardinen anrichten und mit der Petersilie bestreuen.

# Rauch und Flüstern – das Geheimnis der Morisken

Jeden Abend, wenn die Dämmerung einsetzte, versammelte sich Fortúns Familie vor dem Kamin im Wohnraum ihres Hauses. Das geschah selbst in den Sommermonaten, wenn niemand das Feuer im Kamin anfachte. Es galt ihnen als ihr ureigenes und heiliges Ritual, und es wiederholte sich jeden Abend auf die stets gleiche Weise, mit Ausnahme des Donnerstags. So geschah es, solange Fortún zurückdenken konnte und bis seine Erinnerung im Dunst der Vergangenheit zu verblassen begann.

Er, seine Eltern und seine kleine Schwester Fernanda nahmen Platz auf dem dicken, kunstvoll geknüpften Teppich des Zimmers. Nur Ramiro, das Baby, war noch zu klein. Erst wenn Ramiro ruhig und zufrieden an Mutters Brust allmählich in Schlummer fiel, gab der Großvater den anderen das Zeichen. Dann legten sie Ramiro behutsam in seine Wiege, und der Großvater holte den heiligen Koran aus einer kleinen versteckten Nische zwischen den Fliesen. Schon begann er, daraus vorzulesen, lange Suren reihten sich monoton aneinander, und der Großvater murmelte dabei so leise, dass es fast nur wie ein Flüstern erschien.

Fortún liebte das allabendliche Ritual, das verschwörerische Beisammensein dieser Stunden gab ihm ein Gefühl tiefer Geborgenheit, auch wenn er fast nichts von dem begriff, was der Großvater in einer ihm fremden Sprache vortrug. Doch er wusste, dass diese abendliche Stunde am Kamin ihn und seine Familie zu etwas Besonderem machte.

Denn ihre Zusammenkunft musste streng geheim gehalten werden. Verirrte sich etwa ein später Besucher noch an ihre Tür, so verbarg der Großvater rasch den Koran, und alle gaben sich routiniert den Anschein, in eine ganz andere Beschäftigung vertieft zu sein.

Schon saß der Vater am Tisch und blätterte in seinem Kontorbuch, sanft wiegte die Hand der Mutter die Bettstatt des schlafenden Säuglings. Der Großvater auf der Kaminbank, vertieft in eine Schnitzerei, und Fortún selbst an der Tür, den späten Gast mit vermeintlich schlaftrunkenen Augen empfangend. Denn niemand, absolut niemand durfte erfahren, was in Wirklichkeit in diesem hübschen weißen Haus geschah, hier in der Stadt Hárune, die längst den Namen Faro trug.

Eigentlich stünde der stolzen Stadt an der Südküste von Al-Gharb der Name Al-Uqshunuba zu, hatte der Vater Fortún einmal verraten. Doch dieser Name dürfe nicht mehr ausgesprochen werden, genau wie die andere alte Bezeichnung, Hárune, und auch den Namen des Landes, Al-Gharb, dürfe niemand mehr nennen. Es sei ein großes Geheimnis, erzählte der Vater, und spräche Fortún öffentlich eines der verbotenen Wörter, so bräche schlimmstes Unheil über die Familie herein.

Dennoch seien diese Wörter heilig, genau wie das Buch, aus dem der Großvater las. Niemals dürfe man dies vergessen und aus dem eigenen Leben verbannen. Doch die anderen Menschen, draußen vor den schützenden Mauern des eigenen Hauses, die wüssten nichts von alldem. Sie seien Verblendete, Ungläubige auf einem Irrweg, aber gefährlich, denn manche von ihnen besäßen Macht über alle anderen Bewohner der Stadt. Deshalb müsse Fortún schweigen, wenn ihm sein Leben und das der anderen etwas wert sei. Schweigen, so stumm wie ein Grab.

Immer schon, seit Fortún denken konnte, ermahnte ihn der Vater mit derartigen Worten. Niemals, während er langsam heranwuchs, hatte Fortún das gefährliche Geheimnis hinterfragt. So war es, und so war es wohl schon immer gewesen.

Doch seit einiger Zeit veränderten sich Fortúns Gedanken. Lag es daran, dass er allmählich zum Mann wurde? Schließlich würde er schon in wenigen Wochen seinen zehnten Geburtstag feiern! Wäre es nicht an der Zeit, das Geheimnis der Familie zu verstehen?

Immer öfter nagten bohrende Fragen an Fortúns Herz, wenn er nachts auf seinem Lager keine Ruhe finden konnte. Warum sind wir anders als die anderen Menschen von Faro? Warum darf ich nicht darüber sprechen? Warum benennt mein Vater Stadt und Land mit fremdartigen und verbotenen Wörtern? Welche Gefahr könnte uns drohen? Doch wagte er es nicht, diese Fragen laut auszusprechen. Sie schwebten wie ein dräuendes Unheil über seiner kindlichen Welt, beunruhigend und finster.

Doch dann kam der Tag, an dem er endlich den ersten Schritt wagte. Er hatte seinen Vater zum Hafen begleitet, wo dieser die Ladung eines Schiffes inspizierte. Fortúns Vater war Händler, tüchtig und klug, und Fortún bewunderte ihn, wie er mit messerscharfem Sachverstand die Waren prüfte, wie der Kapitän respektvoll Vaters Anweisungen folgte. Sein Vater musste ein wichtiger Mann sein! Voller Stolz schritt Fortún nun neben ihm, als sie auf dem Heimweg durch die Gasse gingen, die zu ihrem Haus hinführte. Schon strahlte die frisch getünchte Fassade ihnen zwischen den anderen, schäbigeren Häusern entgegen, und prächtig erhob sich über dem mit grünen Ziegeln gedeckten Dach der hübsch verzierte Schornstein, den der Vater erst letzthin hatte errichten lassen. Er gehörte zum Kamin des Wohnraums, des Ortes ihrer geheimen Zusammenkünfte, während das Küchenfeuer seinen alten, viel schlichteren Schornstein behielt.

„Warum ist unser Schornstein so viel schöner als alle anderen?", fasste sich Fortún ein Herz und sah fragend hinauf zu seinem Vater. Dessen Blick zeigte erst keinerlei Regung. Doch schließlich hielt er inne, drehte sich um und wies auf ein anderes Haus. „Siehst du dort das Haus von unserem Nachbarn Rahman? Er hat jetzt auch einen schön dekorierten Schornstein." Dann senkte er seine Stimme. „Fortún", wisperte er, „du bist alt genug, ich denke, du solltest nun wissen, was es damit auf sich hat." Dann führte er den Sohn in seine kleine Schreibstube und wies ihn an, auf dem Divan Platz zu nehmen, der sonst den Geschäftskunden vorbehalten blieb.

„Vor 500 Jahren lebte ein Mann namens Tariq", begann Fortúns Vater seine Erzählung. „Er war ein Berber und kam aus Tanger in Nordafrika. Tariq hatte dort den Glauben angenommen, den einst der Prophet Mohamed verkündete, und er lebte ganz so, wie es ihm der Koran vorschrieb. Er war ein frommer Moslem, aber auch ein starker militärischer Führer. Deshalb überquerte er eines Tages mit seinen Truppen die Straße von Gibraltar und eroberte einen Teil des Landes auf der anderen Seite der Meerenge von den Westgoten, die dort gerade herrschten. Kurz darauf stieß ein gewaltiges arabisches Heer hinzu, und so kam es, dass der gesamte Süden der Iberischen Halbinsel unter die Herrschaft der Berber und Araber fiel. Die Einheimischen bezeichneten die neuen Herren ihres Landes allesamt als Mauren."

Die Mauren, so fuhr Fortúns Vater fort, seien in ihrer Kultur viel weiter fortgeschritten gewesen als die alteingesessenen Bewohner des Landes. Sie verfügten über ausgeklügelte Technik, wussten eine Menge über Medizin und Hygiene, und ihre Bauern konnten dem Land viel höhere Erträge abgewinnen als alle anderen jemals zuvor. Sie verstanden sich auf Bewässerungsanlagen und auf den Bau von Brunnen, sie züchteten Seidenraupen, sie kannten den Nutzen der Baumwolle und des Zuckerrohrs. Auch brachten sie ihre wunderbaren Kunstfertigkeiten mit, sie errichteten großartige Moscheen und märchenhaft schöne Paläste. Ihre Bauwerke verzierten sie mit filigranem Stuckwerk, mit prachtvollen Ornamenten, Mosaiken und Säulen, bunten Fliesen, Kuppeln und allerhand Schnitzereien. Auf die Böden legten sie kostbarste Teppiche, und sie kleideten sich in Stoffe, die sie aufs Allerfeinste webten und wirkten.

Sie seien keine üblen Herrscher gewesen, fügte Fortúns Vater hinzu. Ihr Reich, das Emirat von Cordoba, hieß Al-Andalus, und es erstreckte sich über den gesamten Süden der großen Halbinsel, von Osten bis ganz hinüber nach Porto im Westen.

Den Menschen in diesem Reich ging es nicht schlecht. Zwar gehörten die Mauren einer anderen Religion an als die einheimischen Christen und Juden. Doch sie erlaubten es jedem, seinen eigenen Glauben zu wahren und seinem jeweiligen Gott zu dienen. Und trotzdem regte sich Widerstand unter den Christen. Um jeden Preis wollten sie die Herrschaft ihres Glaubens zurückerlangen, und sie nannten ihr Vorhaben „Reconquista" – „Wiedereroberung".

Schon im Jahr 713 hatten Mauren die Stadt eingenommen, die nun den Namen Faro trug. Von hier aus herrschte eine Dynastie arabischer Fürsten über die südwestliche Küstenregion der Iberischen Halbinsel, die den Namen Al-Gharb trug, was „der Westen" bedeutet. 500 Jahre lang blühte der Wohlstand dank des florierenden Handelshafens der Stadt, welche die Mauren als Al-Uqshunuba, Shantamariyyat Al-Gharb oder schlicht als Hárune bezeichneten.

Doch schließlich zerfielen Frieden und Glück im Ansturm der Christen. Wütende Kreuzritter drangen 1217 in die Stadt ein, plünderten ihre Schätze und schnitten sie vom Schutz durch die Mauren im Hinterland ab. 30 Jahre lang währten Kämpfe und Reibereien, dann schließlich siegte die Reconquista. Hárune fiel unter portugiesische Herrschaft und erhielt den Namen Faro. Und aus der maurischen Provinz Al-Gharb wurde die Region Algarve.

Doch die Christen gaben sich nicht mit ihrem Sieg zufrieden. Nichts sollte die alleinige Herrschaft ihres Glaubens in Zukunft mehr in Frage stellen können. Deshalb vertrieben sie alle Moslems und Juden rücksichtslos aus dem Land, viele von ihnen durften dabei nur mitnehmen, was sie am eigenen Leib zu tragen vermochten. Nur wer zum Christentum konvertierte, durfte in der Heimat bleiben. Doch galt er von nun an als suspekter „Moriske" und stand stets unter Verdacht, ein Heuchler zu sein und die Anordnungen der Christen insgeheim zu unterlaufen.

Strengstens wurde fortan überwacht, ob die Morisken nicht im Stillen weiterhin die Regeln des Islam befolgten. Der Gebrauch der arabischen Sprache wurde rigoros verboten. Die Obrigkeit zwang außerdem alle Morisken, die Türen ihrer Häuser am Donnerstagabend und am Freitagmorgen offen stehen zu lassen. Soldaten marschierten zu diesen Zeiten aufs Geratewohl hinein, um zu überprüfen, ob dort etwa gebadet wurde, wie es den Muslimen vor dem Freitagsgebet vorgeschrieben ist. Wer bei einer rituellen Waschung oder etwa beim Lesen des Korans ertappt wurde, den töteten die Soldaten auf der Stelle.

„Wir wollten das Land nicht verlassen, denn hier ist unsere Heimat. Hier sind wir schon seit Generationen zu Hause, und hier verdienen wir unseren Lebensunterhalt seit vielen hundert Jahren! Doch wie können wir Allah, unseren Herrn, verleugnen? Wie kann es recht sein, den Glauben, dem schon unsere Väter aus tiefstem Herzen anhingen, einfach sang- und klanglos aus unserem Leben zu verbannen, nur weil die neuen Machthaber es so befehlen?“

Fortúns Vater seufzte gequält. „Nun weißt du, warum wir nur heimlich die Suren des heiligen Koran lesen dürfen und warum wir nur im Verborgenen die Hände heben, uns beugen und auf die Knie niederwerfen, um mit der Stirn den Boden zu berühren und dabei unsere Gebete zu sprechen.

Niemals darfst du darüber reden, denn sonst werden wir alle sterben!“, fügte er eindringlich mahnend hinzu. „Deshalb heißt du Fortún, und nicht Karim, wie ich dich nenne, wenn wir ganz unter uns sind. Für mich bist du ein Kind Allahs, so wie wir alle es sind, und so wird es immer bleiben.“

Zwar hatte Fortúns Vater seine Kinder taufen lassen und ihnen portugiesische Namen gegeben, ganz wie es von ihm erwartet wurde. Doch wie all seine Glaubensbrüder wusch er das Taufwasser jedes Mal ab, sobald sich die eigene Haustür hinter ihm schloss. Und wie die anderen Morisken gab auch er seinen Kindern im Stillen maurische Namen, für ihn waren sie Karim, Fatme und Said.

Mit weit geöffneten Augen hatte Fortún seinem Vater gelauscht. Nun verstand er mit einem Mal alles. Und niemals würde er es wagen, auch nur ein Wörtchen darüber vor anderen verlauten zu lassen.

Doch plötzlich legte er seine Stirn in Falten. „Ich werde schweigen, im Namen Allahs“, sagte er und sah den Vater fragend an. „Doch was hat all das mit unserem Schornstein zu tun?“

Der Anflug eines Lächelns huschte über des Vaters Gesicht. „Die Christen haben unsere Moscheen zerstört und die Minarette niedergerissen. Unsere heiligen Orte sind uns genommen. So findet der Glaube nur noch in unseren Häusern eine stille Zuflucht. Deshalb schmücken wir den Kamin unseres Wohnraums, auf dass er unser eigenes Minarett sein möge, unter dem wir uns heimlich zum Gebet versammeln. So haben wir es getan, und so hat auch unser Nachbar Rahman es getan. Und du wirst sehen, andere werden es uns gleichtun."

So kam es, dass immer mehr schön gestaltete Schornsteine über den Häusern der Algarve emporragten. Das Dekor geriet umso aufwendiger, je reicher der Haushalt war. Schon bald fanden auch andere Gefallen an der Sache, die den ursprünglichen Sinn dieses Zierrats nicht kannten.

Und so wie die Schornsteine der Häuser sich zu ähneln begannen, so passten sich auch die Moslems im Lauf der Jahre immer mehr ihrem Umfeld an. Sie vermischten sich mit der christlichen Bevölkerung, und der ursprüngliche Glaube geriet ihnen schließlich in Vergessenheit.

Nur die prächtigen Schornsteine portugiesischer Häuser wissen noch, was damals geschah. Und vielleicht erzählen sie manchmal leise raunend die Geschichte von Fortún und seinem Vater. Auf dass der Rauch die Worte weit hinauf in den Himmel tragen möge, wenn seine grauen Wolken aus den schmucken Öffnungen emporsteigen.

## Fios de ovos – Eierfäden

### Zutaten:

12 Eigelbe
1 Eiweiß
500 g Zucker
Eiswürfel
Wasser

### Zubereitung:

Den Zucker in einem Topf mit 200 ml Wasser vermischen und langsam unter Rühren erhitzen, bis der Zucker vollständig gelöst ist. Die Eigelbe und das Eiweiß kräftig miteinander verquirlen und mehrfach durch ein feines Sieb streichen.

Einen weiteren Topf mit kaltem Wasser und Eiswürfeln füllen. Mit einer Nadel fünf kleine Löcher in die Unterseite eines Gefrierbeutels stechen. Den Beutel möglichst hoch über das siedende Zuckerwasser halten, einen Teil der Eimasse hineinfüllen und in den Topf fließen lassen, dabei den Beutel kreisförmig über dem Topf drehen. Die Eierfäden sollten sich in der Flüssigkeit möglichst nicht gegenseitig berühren.

30 Sekunden im Topf lassen, mit dem Schaumlöffel herausnehmen, kurz ins Eiswasser tauchen und dann auf Küchenpapier abtropfen lassen. Die fertigen Eierfäden mit den angefeuchteten Fingern voneinander trennen. So weiter verfahren, bis die gesamte Eimasse verbraucht ist. Sollte das Zuckerwasser zwischendurch zu fest werden, etwas Wasser nachgießen.

Die Eierfäden an der Luft trocknen lassen.

Die Fios de ovos wurden in portugiesischen Klöstern erfunden, weil dort ein ständiger Überschuss an Eigelb herrschte. Die Kleidung wurde nämlich mit Eiweiß gestärkt. Man verspeist die Eierfäden zum Kuchen, als Dessert oder zu herzhaften Speisen. Gerne füllt man damit die Doces finos, bunte Figuren aus Marzipan. Den Mandelbaum und die Kunst der Marzipanherstellung brachten die Mauren nach Portugal.

## Bolo de nozes, amêndoas e figos – Walnuss-Mandel-Feigen-Kuchen

**Zutaten:**

100 g Mehl
100 g gemahlene Mandeln
80 g grob gehackte Walnüsse
130 g Butter (zimmerwarm)
2 Eier
130 g flüssiger aromatischer Honig (z. B. portugiesischer Heidehonig)
5 reife, frische Feigen
1 Tl Backpulver
Salz
Butter zum Einfetten

**Zubereitung:**

Die Butter mit dem Handmixer schaumig aufschlagen und dabei 100 g Honig hinzufließen lassen, dann die Eier dazugeben. Nun die gemahlenen Mandeln und danach das Mehl, das Backpulver und 1 Prise Salz hinzustreuen und alles gut vermischen. Zum Schluss die gehackten Walnüsse unterheben.

Eine Springform gut mit Butter einfetten und den Teig hineingeben. Die Feigen halbieren und mit der Schnittstelle nach oben auf den Teig legen, leicht eindrücken.

Den Backofen auf 180°C vorheizen und den Kuchen ca. 45 Minuten lang backen, bis er goldbraun ist. Leicht abkühlen lassen, dann aus der Form nehmen, mit dem restlichen Honig beträufeln und lauwarm servieren.

## Die drei Reiter der Apokalypse – ein Novembermorgen in Lissabon

Heute ist Allerheiligen. Einer der höchsten Festtage im Kirchenjahr, feierlich, würdevoll und schön.

Bereits seit Wochen hat sich Irenéo auf diesen Tag gefreut. Auf die Andacht in der kleinen Kapelle am Rand des alten Maurendorfs Alfama, das längst zu einem Teil von Lissabon geworden ist. Lissabon, diese mächtige Stadt, in der Irenéo seit seiner Geburt lebt. Leute, die mehr als er gesehen haben, sagen, dass Lissabon eine der schönsten Städte der Welt ist, voller Reichtum und Pracht. Stolze Herrscherin über Kolonien in der ganzen Welt, Königin des Handels, geschmückt mit dem fantastischen Palast des Königs, der mehr Gold besitzt als alle anderen europäischen Herrscher zusammen. Gold aus den Minen Brasiliens und aus dem Handel mit Menschen. Gold, das er großzügig mit dem Klerus teilt, deshalb hat Lissabon 40 große Kirchen und 90 Klöster, weit mehr als alle anderen Städte. Und die Menschen hier sind fromm, vielleicht sogar frommer als alle anderen.

Das alles weiß Irenéo aus den Erzählungen der Männer, die mit den großen Schiffen in Lissabons Hafen kommen. Er selbst hat nie etwas anderes gesehen als Lissabon und die Schiffe, deren Routen wie die Fäden eines Spinnennetzes von hier aus die Welt umspannen. Vielleicht wird er selbst eines Tages hinausfahren und wundersame Länder sehen, wenn sein Herr, der Gewürzhändler, es erlaubt. Noch ist Irenéo jung, und viel Geld hat er nicht. Er ist nur der Laufbursche seines Herrn und lebt in einem verwinkelten Gässchen am Rand des Stadtteils Alfama, den Glanz und Reichtum bisher übersehen haben. Deshalb wohnt Irenéo dem Allerheiligenfest auch nur in einer kleinen Andachtsstätte bei und nicht in einem der großen Gotteshäuser. Doch das kümmert ihn nicht. Festlichen Kerzenglanz gibt es auch dort, ebenso wie Weihrauchduft und feierliche Gottgefälligkeit. Nun ja, und außerdem die Muße eines freien Tages, so denkt Irenéo insgeheim. Aber das wird er niemandem verraten.

Irenéo hat gegen halb zehn am Morgen in der hintersten Reihe Platz genommen. Von hier aus genießt er den besten Blick auf die glänzende Reihe der Kerzen, die sich durch den Mittelgang der kleinen Kapelle zieht. Gerade beginnt er zu träumen angesichts der leuchtenden Flammen, die sich zu einem himmlischen Lichterweg zu sammeln scheinen, da schreckt er mit einem Mal auf. Ist da nicht ein Zittern? Die Flammen flackerten auf, bestimmt, er hat es gesehen! Doch schon ist wieder alles ruhig. Verwirrt blickt sich Irenéo um, doch keiner außer ihm scheint etwas bemerkt zu haben.

Im nächsten Augenblickt vibriert die Holzbank unter ihm. Menschen springen auf, schreien, und mit einem Mal geht alles schneller, als er es erfassen kann. Die Wände beben, Putz bröckelt herab, der Boden wackelt. Krachend stürzt ein Deckenbalken nieder und begräbt die alte Frau und den Mann unter sich, die gerade noch direkt vor Irenéo saßen. Schreie, Staub, überall Staub und jetzt Blut, das schrecklich rot zu seinen Füßen quillt. Die Augen weit aufgerissen hebt er wieder den Blick, doch da ist nichts als Chaos um ihn her.

Er stürzt durch die offene Tür hinaus, doch der Boden will ihn nicht halten, der Boden ist ein lebendiges Tier geworden, es schüttelt sich, stößt, schlägt um sich wie wild, wirft Irenéo nieder und will ihn verschlingen. Schützend birgt er sein Gesicht in den Armen, krümmt sich, denkt nichts, nur dass es jetzt sein Ende ist. Eben noch ein Fest zu Ehren Gottes, und nun bricht Gottes Gericht über ihn herein! Plötzlich und ohne jede Warnung.

Dann, so unvermittelt, wie es zu toben begann, beruhigt sich das Tier. Der Boden ist still und starr, als sei nichts geschehen.

Vorsichtig hebt Irenéo den Kopf und blinzelt zwischen seinen Armen hervor. Doch nichts ist wie zuvor. Staub, wo eben noch klare Luft gewesen ist, Trümmer, wo die Häuser standen, und Menschen am Boden ringsumher. Manche regen sich langsam, stöhnend, viele blutverschmiert, andere still, sie rühren sich nicht mehr. Schreie in den Gassen, und immer wieder lautes Donnern, denn obschon der Boden ruhig ist, stürzt noch Gebälk von den Dächern, brechen Steine aus den Mauern, fallen Häuser in sich zusammen.

Über die Trümmer in der Gasse taumeln Menschen, viele umklammern Kruzifixe, sie murmeln stille Gebete. „Fort hier!“, brüllt einer, „zum Hafen hinunter, ans Wasser!“ Und alle wenden sich wie aufgezogen und folgen dem Ruf. Gespenstisch, wie sie ihre Schritte setzen, ein Geisterzug staubiger Leiber. Erst langsam und schleppend, dann immer schneller streben sie hangabwärts, hinunter ans Wasser. Irenéo zögert noch, erhebt sich schwerfällig, doch schließlich folgt auch er dem Sog, die Straße hinab. Sie alle ahnen nicht, dass sie geradewegs in eine Todesfalle laufen.

Schon öffnet sich die Unterstadt am Uferpalast zur Praça do Comércio und gibt den Blick frei auf den Mündungslauf des Flusses Tejo. Doch dort ist kein Fluss. Ist der Tejo dem Weltuntergang entflohen? Verwirrt kneift Irenéo die Lider schmal zusammen, um besser sehen zu können. Dann hört er das Grollen, dann sieht er es: Ein schäumendes Monster, eine gewaltige Wand aus Wasser rollt auf sie alle zu. Und im nächsten Augenblick hat sie ihn auch schon gepackt, sie drückt ihn hinab, wirbelt ihn herum. Verzweifelt kämpft er gegen die Fluten. Bekommt endlich etwas zu fassen, einen Balken an einer Hauswand, er krallt sich daran. Und als das Wasser ihn zurückreißen will, da klammert er sich fest mit allen Kräften, die er aufzubieten hat.

So schnell wie es kam, so weicht das Wasser wieder, und die Menschen sind fort. Es hat sie mit sich davongerissen, weit aus der Mündung des Tejo hinaus in das feuchte Grab des offenen Meers. Nur Irenéo nicht, und er begreift, dass er dem Balken sein Leben verdankt. Ein zweites Mal an diesem Morgen hat er den Weltuntergang überlebt, ungläubig sinkt er in sich zusammen.

Schreie lassen ihn wieder aufschrecken. „Feuer", brüllen die Stimmen, „Feuer", und immer wieder „Feuer!" Dann sieht er es. Überall züngeln Flammen empor, schlagen in den Himmel. Der Wind vereint sie zu immer größeren Feuern, lichterloh brennen die Ruinen! Schneller und schneller frisst sich die Brandwalze durch die Stadt, panisch laufen die Menschen davon. Und auch er, Irenéo, mitten im reißenden Strom der Fliehenden.

Später, am Abend, hocken sie auf den Hügeln und blicken sprachlos zurück auf das Inferno im Tal. Nur die paar Augenblicke einer dreifachen Apokalypse haben genügt, um das stolze und mächtige Lissabon vom Erdboden auszulöschen.

Die Überlebenden haben nichts außer den Kleidern, die sie am Leibe tragen. Deshalb wagen sie sich am nächsten Tag zurück in die Hölle, die ihre Heimatstadt war. Sie hoffen darauf, ein paar Habseligkeiten retten zu können, doch es erwartet sie nichts als ein weiterer Albtraum.

Die Gefangenen sind aus den Kerkern ausgebrochen, finstere Gestalten haben sich hinzugesellt, und plündernd ziehen sie zu Hunderten durch die Trümmer. Wer sich ihnen entgegenstellt, den schlagen sie tot. Sie sind die Werwölfe des Weltuntergangs. In den Tagen nach der Katastrophe fallen alle moralischen Hemmungen. Die Gesetzlosen ernähren sich von Menschenfleisch, es herrscht die pure Anarchie.

Wenn es einen Gott gibt, wie kann er so etwas geschehen lassen? Das fragen sich die Menschen nach diesem 1. November 1755. Warum schlägt das Verderben beim Kirchgang zu, tötet die Frommen und zerstört ihre Gotteshäuser? Und als sei das nicht ungeheuerlich genug, so hat es ausgerechnet die Bordelle in der Alfama verschont!

Nie hat Europa eine derartige Katastrophe gesehen, sie ist schlimmer noch als der Untergang Pompejis. Und erstmals beginnen die Überlebenden, ernsthaft über eine andere Ursache als Gottes Gericht nachzudenken.

Heute wissen wir recht genau, was an jenem schrecklichen Tag geschah. Vor der Küste Portugals treffen bekanntlich die Afrikanische und die Eurasische Kontinentalplatte aufeinander. Immer wieder kommt es dabei zu Spannungen, mitunter entladen sich diese in massiven vertikalen Verschiebungen. Etwa 250 Kilometer südwestlich von Lissabon ereignete sich ein solcher Rutsch und löste dabei das verheerende Erdbeben aus, das eine geschätzte Stärke von 8,5 bis 9 auf der Richterskala erreichte. Gleichzeitig bildete sich ein Tsunami, der mit bis zu 800 Stundenkilometern auf die Stadt zuraste. Er erreichte das Ufer kurz nach zehn Uhr morgens, nur etwa eine halbe Stunde nach dem Beben, und seine Wasserwand türmte sich zehn bis 15 Meter in die Höhe.

Wegen des Feiertags brannten Kerzen überall in der Stadt. Durch die heftigen Erdstöße fielen sie um und entfachten zahllose Feuer. Hunderte davon verschmolzen zu einem infernalischen Flächenbrand, da die Altstadt von Lissabon in einem Becken liegt, an drei Seiten umgeben von Hügeln und offen nur zur Flussseite hin. So bildete sich ein kräftiger Sog, weil Sauerstoff von dieser offenen Seite her angezogen wurde. Der dabei entstehende starke Wind ließ das Feuer zu einer gigantischen Flammenhölle werden, welche die ganze Stadt erfasste. Ähnlich wiederholte es sich bei der Brandkatastrophe von 1988, als in einer Lagerhalle Feuer ausbrach. Durch den Wind geriet es außer Kontrolle und zerstörte mehr als 200 Häuser in der Altstadt.

Die Katastrophe von 1755 vernichtete Lissabon zu mehr als 85 Prozent. Die großartigen Paläste, Klöster und Kirchen gingen genauso verloren wie Kunstschätze und Bibliotheken, welche über 70.000 Bände umfassten. So fielen beispielsweise die Aufzeichnungen des Entdeckers Vasco da Gama der Tragödie zum Opfer.

Auswirkungen des ungeheuren Bebens spürte man in ganz Europa. In Luxemburg starben Soldaten beim Einsturz einer Kaserne, in Schottland schwankten die Wasserspiegel der Seen, in Holland und Schweden rissen sich Schiffe aus ihren Verankerungen, in Venedig wankte das bleierne Dach des Dogenpalasts. Der Tsunami überrollte nicht nur die portugiesische Küste, mit einer Höhe von 20 Metern richtete er auch in Nordafrika schwere Verwüstungen an. Andere Flutwellen trafen die Azoren, die Kanaren und die Kapverden sowie einige Inseln der Karibik, einer der Ausläufer erreichte selbst Hamburg. Wissenschaftler vermuten inzwischen die Ursache in einer Subduktionszone zwischen den Kontinentalplatten, die, so ergaben Untersuchungen der Sedimente, ihre aufgestaute Energie alle 1.500 bis 2000 Jahre durch eine ruckartige Bewegung freilässt und damit ein starkes Erdbeben auslöst.

Portugal stand in der Mitte des 18. Jahrhunderts noch in der vollen Blüte einer wohlhabenden Kolonialmacht, und seit mehr als 200 Jahren erstrahlte Lissabon im Zentrum all dessen.

Der König, der sich zufällig außerhalb der Stadt aufgehalten hatte und deshalb überlebte, betraute mit dem Wiederaufbau seinen Außenminister Sebastião Carvalho e Mello, der später als Marquês de Pombal zum Premierminister aufstieg. Inspiriert vom Denken der Aufklärung setzte sich dieser Pragmatiker das Ziel, aus den Trümmern von Lissabon schnellstmöglich eine moderne Stadt zu erschaffen.

Mithilfe der Armee ließ er umgehend alle Leichen auf Schiffe verladen und im offenen Meer versenken. Riesige Galgen zwischen den Ruinen sollten die Plünderer abschrecken, denn mit ihnen wurde kurzer Prozess gemacht. Die Inquisition, die zuvor mit erschreckender Gnadenlosigkeit über die Stadt geherrscht hatte, setzte de Pombal außer Kraft. Die Stadt wurde abgeriegelt, um die Überlebenden an der Flucht zu hindern. Stattdessen mussten alle bei den Aufräumarbeiten mit anpacken. Schon nach einem Jahr war aller Schutt beseitigt und der Wiederaufbau begann. An die Stelle der verwinkelten Gassen traten jetzt breite, gerade Straßen und lichte Plätze. Die Praça do Comércio am Ufer des Tejo erhielt eine großzügige, rechteckige Form, um Platz dafür zu schaffen, wurde der prachtvolle Uferpalast des Königs nicht rekonstruiert.

Der Marquês de Pombal beließ es jedoch nicht beim einfachen Neuaufbau. Vielmehr hielt er die Architekten dazu an, ihre Gebäude erdbebensicher zu gestalten. Insbesondere im Bereich der Baixa, des Repräsentationsviertels der neuen Unterstadt, sollte dies im Fokus stehen. So errichteten die Baumeister zunächst Modelle aus Holz und ließen Soldatentruppen um diese herummarschieren, um die Auswirkung der Erschütterungen zu erforschen.

Außerdem versuchte de Pombal, möglichst viel über die Ursachen der Naturkatastrophe herauszufinden. Von den Pfarrern der Stadt ließ er ihre jeweiligen Erlebnisse notieren, Aufzeichnungen, die noch heute erhalten sind und der modernen Wissenschaft zur Erforschung der Vorgänge dienen. Man betrachtet de Pombal deshalb als eine Art Vater der modernen Seismologie.

Aus ganz Europa trafen großzügige Spenden für die Opfer des Erdbebens von Lissabon ein. Und überall sorgte das Ereignis für erregte Diskussionen. Warum starben fromme Kirchgänger zu zigtausenden, während die Verruchten im Rotlichtviertel verschont blieben?

Das große Erdbeben von Lissabon beeinflusste die philosophische Betrachtung der Weltordnung in Europa nachhaltig. Erstmals keimten Zweifel an einem allein von Gott gelenkten Universum auf, es begann die Suche nach einer geophysikalischen Ursache. Das überkommene Glaubenssystem stand damit in seinen Grundfesten zur Debatte, überall entbrannte heftiger Disput über das Verhältnis zwischen Gott und Menschheit. Und zum ersten Mal stand Gott selbst im Zentrum der Kontroverse. Denn ein allmächtiger Gott hätte das Unheil verhindern können. Wäre Gott also tatsächlich allmächtig, so konnte er nicht gut sein. Wäre er jedoch gut, so konnte er nicht allmächtig sein. Nie zuvor hatten Denker es gewagt, ein solches Dilemma öffentlich zur Diskussion zu stellen.

Ob derartige Fragen auch unseren Laufburschen Irenéo bewegten? Oder beanspruchte ihn die harte Arbeit zu sehr, die der Wiederaufbau der Stadt mit sich brachte? Irenéo gehörte zu den Glücklichen unter den damals 275.000 Einwohnern Lissabons. Es heißt, dass zwischen 30 und 100.000 Menschen beim großen Beben in Lissabon den Tod fanden. Und in ganz Europa war danach nichts mehr wie zuvor.

# Carne de porco à alentejana – Muscheln mit Schweinefleisch

## Zutaten für 4 Personen:

20 Venusmuscheln
600 g Schweinefilet
300 ml Weißwein
2 Tomaten
2 kleine Zwiebeln
1 Chilischote
4 Knoblauchzehen
2 Lorbeerblätter
1 Bd. Blattpetersilie
Olivenöl
Paprikapulver (edelsüß)
Salz
Pfeffer

## Zubereitung:

2 Knoblauchzehen schälen und halbieren. Das Schweinefleisch in mundgerechte Würfel schneiden. Aus 4 El Olivenöl, dem Wein, Salz, Pfeffer und 2 Tl Paprikapulver eine Marinade rühren, das Schweinefleisch, die Lorbeerblätter sowie die Knoblauchzehen hinzugeben, alles verrühren, abdecken und 12 Stunden lang im Kühlschrank marinieren lassen, nach der Hälfte der Zeit einmal gut durchrühren.

Die Muscheln 30 Minuten wässern, dann unter fließendem Wasser gut abbürsten, eventuell bereits geöffnete Exemplare entfernen.

Zwiebeln und restliche Knoblauchzehen schälen, die Zwiebeln würfeln, die Knoblauchzehen fein hacken. Die Chilischote längs aufschneiden und entkernen, dann ebenfalls fein hacken. Die Tomaten mit heißem Wasser übergießen, schälen, halbieren, entkernen und würfeln.

Das Schweinefleisch aus der Marinade nehmen und gut abtropfen lassen. Lorbeerblätter und Knoblauch entfernen, die restliche Marinade beiseitestellen. In einer großen Pfanne etwas Olivenöl erhitzen und das Fleisch darin ringsum kräftig anbraten. Mit der Marinade ablöschen und unter Rühren 3 Minuten kräftig kochen lassen. Dann vom Herd nehmen.

In einem großen Topf etwas Olivenöl erhitzen und die Zwiebeln darin anbraten. Die gehackten Knoblauchzehen, die gehackte Chilischote und die Tomaten hinzugeben und alles unter Rühren 5 Minuten köcheln lassen.

Nun die Muscheln mit der Öffnung nach unten darauflegen, den Topf mit dem Deckel verschließen und 10 Minuten bei mittlerer Hitze ziehen lassen, bis die Muscheln geöffnet sind. Muscheln, die sich nicht öffnen, entfernen.

Jetzt das Schweinefilet mit der Sauce hinzugeben und alles gut vermischen. 5 Minuten lang bei milder Hitze ziehen lassen, in der Zwischenzeit die Petersilienblättchen abzupfen und grob hacken.

Vor dem Servieren mit der Petersilie bestreuen und frisches Maisbrot dazu reichen.

# Ovos recheados – gefüllte Eier

## Zutaten für 4 Personen:

6 Eier
15 schwarze Oliven (ohne Stein)
2 El gehackte Blattpetersilie
2 El Olivenöl
Salz
Pfeffer

## Zubereitung:

Die Eier hart kochen, abkühlen lassen, schälen und längs halbieren. Die Eigelbe mit einem Löffel behutsam entfernen und in eine nicht zu große Schüssel geben. 9 der Oliven in Stücke schneiden und zusammen mit dem Olivenöl zu den Eigelben geben. Salzen, pfeffern und alles mit dem Passierstab zu einer homogenen Masse zerkleinern. Zum Schluss die Petersilie unterrühren und die Masse in die Eihälften füllen.

Die restlichen Oliven halbieren und die Eihälften jeweils mit einer halben Olive garnieren. Mit Maisbrot als Petisco-Häppchen zum Wein oder als Vorspeise servieren.

# Lieder, Bauten, Eierkuchen – ein Spaziergang durch Lissabon

Lissabon im 21. Jahrhundert. Ein sonniger Morgen leuchtet über der Stadt, die sich stolz und schön in die Talsenke vor dem Mündungslauf des Tejo schmiegt. Ganz so, als sei ihr nie ein Leid geschehen.

Wir beginnen unseren Spaziergang im alten Viertel Alfama, dort, wo Irenéo zu Hause war, der den Untergang der Stadt einst überlebte. Auch die Alfama hat Glück gehabt. Denn nicht nur die dortigen Freudenhäuser blieben verschont, auch die verwinkelten uralten Gässchen und die eng gedrängten Häuser des einstigen Armeleuteviertels. Deshalb bildet die Alfama einen krassen Gegensatz zu den ordentlich geplanten und schnurgerade ausgerichteten Repräsentationsbezirken, die nach 1755 aus dem Boden gestampft wurden. Die Alfama ist wirr, schmuddelig und chaotisch, Putz bröckelt von den Fassaden, holpriges Kopfsteinpflaster mahnt die Fußgänger zur ständigen Vorsicht. Wandbilder aus bunten Azulejo-Fliesen erinnern an die Mauren, deren Dorf die Alfama einst gewesen ist, und am Abend dringen wehmütige Fado-Klänge aus den geöffneten Türen der kleinen Kneipen.

Auch diesem melancholischen Klagegesang hört man die arabischen Einflüsse an, seine Melodien flirren durch die Oktaven, schwellen dramatisch an und wehen schließlich in traurigem Moll dahin. Fado entstand in den Spelunken von

Lissabon, er singt von verlorener Liebe und von verlorenen Zeiten, von Armut, Elend und Wehmut, kurzum: von Saudade, der spezifisch portugiesischen Variante des Weltschmerzes. Saudade gehört zu den Wörtern, die sich nicht in andere Sprachen übersetzen lassen, in Saudade klingt mehr als nur Traurigkeit an. Sie enthält Sehnsucht, Fernweh, Einsamkeit, Nostalgie und Melancholie – alles in einem. Ihr Klang ist der Fado und ihre Heimat sind die Gassen der alten Armenviertel von Lissabon, der Mouraria, des Bairro Alto und der Alfama.

In das Klagelied drängt sich zuweilen vorlaut ein schriller Misston, ein beißendes Quietschen, wenn sich die Straßenbahn auf ihren Schienen um die engen Kurven zwängt. Mitten durch die Gassen der Alfama quetscht sich die elektrische Straßenbahn, meist noch mit historischen Wagen und mitunter auf ganz schön steilen Wegstücken. Und vor allem eng und enger, wenn es durch die Häuserschluchten geht, haarscharf unter den quergespannten Wäscheleinen hindurch, passgenau an den bunten Auslagen der Händler vorbei. Dieser Nervenkitzel, vereint mit der grellen Vielfalt sinnlicher Reize, hat die Carros eléctricos de Lisboa zu einer der beliebtesten Touristenattraktionen Lissabons gemacht.

Durch die Alfama geht es hinauf zum Castelo de São Jorge, der alten Maurenfestung über der Stadt. Von ihren Wehrmauern erlebt man den besten Rundblick, denn hier ist einer der höchsten Punkte Lissabons. Weit schweift der Blick über die wohlgeordneten Viertel der Unterstadt, die Praça do Comércio, die barocken Prachtbauten am Mündungslauf des Tejo und die imposante Hängebrücke in der Ferne, die nach Almada am gegenüberliegenden Ufer führt.

Das herausragendste Kennzeichen dieser Nachbarstadt ist auch von hier aus unübersehbar: Es ist die Christus-Statue Cristo Rei, mit 103 Metern Gesamthöhe eine der höchsten

Christusstatuen der Welt, und weil sie auch noch auf einem 113 Meter hohen Felsen über dem Tejo steht, lässt sie sich mit Fug und Recht als erhaben bezeichnen. Sie überragt das gesamte Areal der Hauptstadt und zählt zu den wichtigsten Wallfahrtsorten auf der ganzen Iberischen Halbinsel.

Doch damit nicht genug der Superlative. Die schon erwähnte Brücke, die Ponte 25 de Abril, ist die längste Brücke in Europa, die sowohl dem Auto- als auch dem Eisenbahnverkehr zur Verfügung steht. Und weltweit wird sie nur von zwei derartigen Brücken übertroffen, eine davon führt über den Bosporus, die andere verbindet zwei Inseln in Hongkong miteinander. Die Einheimischen nennen ihre kolossale Brücke schlicht „Ponte", und gerade diese Verknappung des Namens betont die Einzigartigkeit des Bauwerks. Die Fundamente der Hauptpfeiler liegen mehr als 80 Meter unter dem Meeresspiegel, die Pfeiler selbst ragen fast 200 Meter über ihn empor, die Fahrtrassen liegen in 70 Metern Höhe und die Gesamtlänge der überbrückten Strecke beträgt fast 2,3 Kilometer.

Gigantische Größe, Superlative, was sonst erwartet man in einer Hauptstadt, von der aus einmal die halbe Welt beherrscht wurde? Erschöpft von so vielen Eindrücken machen wir uns auf den Rückweg in die Unterstadt. Vielleicht ist es an der Zeit, eine Pause einzulegen, auf der Suche nach einer kleineren Geschichte, nach etwas Bescheidenerem und vielleicht auch einer kleinen Stärkung nach dem anstrengenden Aufstieg zum Castelo de São Jorge.

Niemand käme darum herum, so habe ich mir sagen lassen. Wenn man schon einmal in Lissabon sei, dann müsse man selbstverständlich die legendären Pastéis de Belém kosten, das Glück auf Erden schlechthin. Jetzt, so denke ich, wäre der Zeitpunkt gekommen, zumal die Aussicht auf einen Hochgenuss äußerst verlockend klingt. Doch leider gibt es die Kult-Törtchen nicht gleich um die Ecke, rund acht Kilometer trennen uns von der vielgerühmten Patisserie. Zeit, den Vorortzug Linha de Cascais zu besteigen, der westwärts am Ufer entlang zur 25 Kilometer entfernten Stadt Cascais rauscht, die mit ihrer schönen Sandbucht am Atlantik liegt. Vorbei am spektakulären Wellenbau des MAAT, des 2016 eröffneten Museums für Kunst, Architektur und Technologie, erreicht der Zug auf seinem Weg im Handumdrehen Belém, wo wir ihn an der dortigen Haltestelle auch schon wieder verlassen.

Die Erdbebenkatastrophe von 1755 hat Belém weitgehend verschont, deshalb ist es reich an historischen Sehenswürdigkeiten. Doch dafür haben wir jetzt keine Augen, erst heißt es, ein Eiertörtchen zu erbeuten. Wir haben schon ein paar Kapitel zuvor davon gehört, als wir einen Blick auf Portugals Speisekarte warfen: Die Pastéis de Nata heißen hier Pastéis de Belém, denn in Belém wurden sie erfunden. Aus Eiern, Butter, Mehl, Milch und Zucker entsteht die heißbegehrte und weltberühmte Leckerei, und als wir die Confeitaria Pastéis de Belém in der Rua de Belém endlich erreichen, ist die Schlange vor ihrem Eingang gefühlt schon fast so lang wie die vor dem berühmten Hieronymuskloster, dem schmuckstrotzenden Prachtbau um die Ecke, der das Grauen von 1755 überstanden hat, weil auch er im Stadtteil Belém liegt. Er ist ein Sinnbild des überbordenden Kolonialreichtums, als Portugals Herrscher nicht wussten, wohin mit ihrem ganzen Geld. Der Bau begann, wie so viele andere auch, unter König Manuel I. zu Beginn des 16. Jahrhunderts, und die opulente spätgotische Architektur des portugiesischen Kolonialstils wird deshalb konsequenterweise als Manuelinik bezeichnet.

Aber der steinerne Augenschmaus interessiert uns erst einmal nicht. Wir stellen uns am Ende der Warteschlange vor der Eierkuchenbäckerei an und warten geduldig, bis wir an der Reihe sind. Diese Schlange ist zweigeteilt, auf einer Seite stehen diejenigen, die einen Tisch ergattern wollen, auf der anderen alle, die ihr Pastéis im Take-Away erwerben und später draußen in der Sonne naschen. Die Warteschlangen sind unvermeidlich, so habe ich gehört, sie bilden sich mit sturer Beharrlichkeit an jedem Morgen neu, schon bevor sich die Pforten des Teilchentempels endlich öffnen. Im Lauf des Tages werden sie nie kürzer, denn die voll besetzte Straßenbahn schafft ständig neue Schleckermäuler aus aller Herren Länder herbei.

Altersgelbe Azulejo-Fliesen schmücken die Fassade, und drinnen erwarten riesige Speisesäle die Naschkatzen, darin nüchterne Tischchen und schnörkellose Stühle zwischen Rundbögen, weiß-blauen Azulejo-Fliesen und beleibten gelben Lampenschirmen, die wie überdimensionierte Pastéis über den vielen kleinen Tellern schweben. Das geräuschvolle Ambiente, das wuselige Treiben der Touristen mit ihren Bermudashorts, Rucksäcken und Kameras hat nichts vom Flair eines Gourmetrestaurants. Und doch, so heißt es, schmecken die Puddingteilchen nirgends besser als in dieser Konditorei.

Tagtäglich verlassen 20.000 der handtellergroßen Törtchen die Backküche des Hauses, in der Hauptsaison mitunter sogar mehr. Das hätte sich der gewiefte Mönch wohl nicht träumen lassen, dank dessen Chuzpe die Erfolgsstory der Confeitaria Pastéis de Belém in der ersten Hälfte des 19. Jahrhunderts begann.

Die Geschichte nahm ihren Anfang damit, dass 1834 ein Dekret erlassen wurde, welches die strikte Trennung von Staat und Kirche verordnete und zugleich die Klöster säkularisierte. Auch die Hieronymiten mussten deshalb ihr Kloster in Belém verlassen. Einer von ihnen nahm dabei das Rezept für die leckeren Eierküchlein mit, die für die Klosterbrüder im Grunde wohl nichts als profane Alltagskost gewesen waren. Denn – auch davon haben wir bereits gehört – zur Stärkung der Klostertracht, insbesondere für die weißen Untergewänder des Habits sowie für die Hauben der Nonnen, wurde massenweise Eiweiß benötigt, und übrig blieben wahre Unmengen von Eigelb. Das durfte natürlich nicht verschwendet werden, folglich entstand irgendwann in der längst vergessenen Alltäglichkeit des Klosterlebens die Rezeptur für cremegefüllte Blätterteigtörtchen. Sie schmeckten einfach großartig, ihr Geheimnis wurde deshalb streng gehütet.

Doch jenem Mönch, jählings seiner klösterlichen Existenz beraubt, mag die eigene wirtschaftliche Zukunft wichtiger gewesen sein als jede ordenstreue Diskretion. So sprach er bei der klosternahen Zuckerraffinerie vor und bot dem Chef sein Wissen an.

Die Probetörtchen gelangen prächtig, und geschäftstüchtig witterte der Unternehmer eine vielversprechende Möglichkeit, sein Portfolio zu erweitern. Seit 1837 werden Pastéis in der alten Zuckerraffinerie gebacken, und wen interessiert schon noch die Raffination von Zucker, wenn mit Küchlein so viel mehr zu verdienen ist! Um den Mythos zu wahren, wird auch hier das Geheimnis des Originalrezepts strengstens bewahrt, obwohl es Pastéis längst in jeder portugiesischen Backstube gibt, die etwas auf sich hält.

Das exakte Mischungsverhältnis beim Eierpudding und die richtige Temperatur während des Anrührens seien der Schlüssel zur Perfektion, so wird gemunkelt, und nur drei Bäcker in der Confeitaria Pastéis de Belém kennen die genaue Rezeptur. Zur Geheimnistuerei gehört, dass sie die Creme hinter verschlossenen Türen mischen. Erst dann reichen die Hüter des Schatzes ihre edle Mixtur in die Backstube weiter, wo der Blätterteig ganz traditionell in Handarbeit gezogen wird.

Lauwarm werden die Teilchen den Gästen kredenzt, sie duften verführerisch nach Zimt und Sünde, schmeicheln samtig weich und wohlig süß dem Gaumen. Unwillkürlich schließt der Genießer seine Augen, und ein seliges Lächeln huscht ihm über das Gesicht. Denn den Pastéis de Belém wohnt eine ganz eigene magische Wirkung inne. Wie von Zauberhand kehrt die Traulichkeit der Kinderzeit zurück, das vorwitzige Fingerchen in Omas wonnig-warmem Puddingglück. Wer könnte da schon widerstehen?

Berauscht und zufrieden machen wir uns wieder auf den Weg, hinunter zum Hafen von Belém am Mündungstrichter des Tejo. Hier ist es gewesen, wo die Schiffe der großen Entdecker ein- und ausfuhren, hier öffnete sich Europas Tor zur großen weiten Welt. Um dem Ort die angemessene Würde zu verleihen, ließ König Manuel I. ihn mit einem grandiosen Leuchtturm schmücken, einem Symbol für Portugals Glanz und Reichtum: der Torre de Belém. Sein Zwillingsturm, der auf der gegenüberliegenden Seite am Ufer stand, fiel dem Beben zum Opfer. Seitdem ist es dem Torre de Belém alleine aufgetragen, von den Zeiten alter Pracht und Macht zu zeugen.

Der Nashornkopf an seiner Westseite mag heutzutage leicht übersehen werden. Kaum noch jemand kann sich vorstellen, wie ungeheuerlich es gewesen sein muss, als 1515 ein solches Tier aus Indien herbeigeschafft und den staunenden Portugiesen präsentiert wurde. Diese erste europäische Darstellung des exotischen Wesens am Torre de Belém diente Albrecht Dürer als Modell für seinen berühmten Rhinozeros-Holzschnitt.

Die kleine Skulptur zeugt von Zeiten, in denen das alte Europa mit den faszinierendsten Wundern aus fernen, unbekannten Ländern überflutet wurde. Die Epoche der Entdecker, denen am Hafen von Belém ein Stück weiter ostwärts das Padrão dos Descobrimentos gewidmet ist – das Denkmal der Entdeckungen. Dieses martialische Werk aus den Sechzigerjahren des letzten Jahrhunderts atmet mit seinen klotzigen Ecken und wellenförmigen Segeln den Geist monumentaler Heldenglorifizierung.

33 Männer drängen sich an den Seiten seines stilisierten Bugs empor, dem Unbekannten entgegen. Sie tragen Namen, in denen Willenskraft, Eroberungsdrang und Abenteuerlust mitschwingen, von Escobar bis Magellan, von Diaz bis da Gama. Warum brachen die portugiesischen Seefahrer am Ende des Mittelalters auf, hinaus in die grenzenlosen Unwägbarkeiten des Ungewissen?

# Pastéis de Nata – portugiesische Eierküchlein

## Zutaten:

250 g Blätterteig
250 g brauner Zucker
250 ml Vollmilch
4 Eigelbe
30 g Mehl
1 Vanilleschote
gemahlener Zimt
Butter zum Einfetten

## Zubereitung:

Den ausgerollten Blätterteig in 12 Quadrate schneiden und jeweils in ein mit Butter eingefettetes Metallförmchen (z. B. Muffin-Förmchen, möglichst aus Metall) legen, ringsum andrücken und am Rand hochdrücken.

Das Mehl mit ein wenig Milch im Schüttelbecher kräftig schütteln, bis keine Klümpchen mehr vorhanden sind.

Die restliche Milch in einen Topf füllen, die Vanilleschote längs aufschneiden, das Mark auskratzen und zusammen mit der Schote zur Milch geben. Erhitzen, bis die Milch kurz vorm Siedepunkt ist, dann die Mehlmilch hinzufließen lassen und dabei rasch mit dem Schneebesen verrühren. Kurz bei milder Hitze köcheln lassen, währenddessen ständig rühren.

Den Zucker mit 125 ml Wasser in einen Topf geben, unter Rühren aufkochen und fünf Minuten köcheln lassen. Dann die Zuckerlösung langsam in die heiße Milch geben. Vom Herd nehmen, die Vanilleschote entfernen und unter Rühren mit dem Schneebesen die Eigelbe nacheinander hinzugeben. Die Puddingmasse in den Blätterteigförmchen verteilen, sie sollten nicht zu voll werden. Den Backofen auf 250°C vorheizen und die Pastéis ca. 20 Minuten backen. Die Oberseite darf dabei ruhig etwas dunkel werden. Mit Zimt bestreuen und lauwarm genießen.

# To boldly go where no man has gone before – Heinrich der Seefahrer

Der Mann, der die Welt größer machte, hieß Heinrich. Natürlich wurde er nicht so genannt, im Portugiesischen lautet sein Name Henrique, doch als Heinrich der Seefahrer hielt er Einzug auch in die deutschen Geschichtsbücher. Denn ihm gebührt kein geringeres Verdienst, als Europas Horizont auf geradezu dramatische Weise verändert zu haben. Damit hat er vielleicht sogar einen der wichtigsten Grundsteine für das Erwachen aus der geistigen Enge des Mittelalters gelegt und den ersten Schritt in die Neuzeit getan. Und so unglaublich es klingen mag: Obgleich er den Beinamen „der Seefahrer" trug, hat er selbst nie auch nur eine einzige Entdeckungsreise auf See angetreten.

Heinrich kam am 4. März des Jahres 1394 als viertes Kind des portugiesischen Königs und seiner englischen Gemahlin in Porto zur Welt. Drei Jahre zuvor war es in Spanien zu Pogromen gegen die dortigen Juden gekommen, weshalb viele von ihnen nach Portugal flohen. Einer davon, ein Rabbi, fand Zuflucht am königlichen Hof und verdingte sich da als Arzt und Astrologe. Dem neugeborenen Prinzen, so heißt es, machte er eine scharfsichtige Prophezeiung: Der zum Zeitpunkt von dessen Geburt im elften Haus stehende Saturn weise auf einen ambitionierten Lebensweg hin, gekennzeichnet durch bedeutende Eroberungen und die Entdeckung unbekannter Dinge.

Das gefiel dem König, der seinerseits als Begründer der Monarchendynastie des Hauses Avis in die Geschichte eingehen sollte. Umsichtig ließ er all seinen Söhnen eine umfassende Ausbildung sowohl in ritterlichen Disziplinen als auch in intellektueller Hinsicht zukommen. Schon dem 14-jährigen Heinrich billigte er eine eigene Hofhaltung zu, und das, obwohl Portugal zu dieser Zeit nicht nur klein, sondern vor allem auch ziemlich arm war. Doch den Knaben kümmerte das wenig. Von den Hirngespinsten der Pubertät beflügelt gab er sich einem beispiellosen Egotrip hin, als sei er der Justin Bieber des 15. Jahrhunderts. Er schwelgte ungehemmt in Luxus, leistete sich alle erdenklichen teuren Annehmlichkeiten, prachtstrotzende Partys und nur die allerfeinste Kleidung. Obwohl ihm binnen kürzester Zeit der Schuldenberg fast über dem Kopf zusammenschlug, stieß er mit seinem exzentrischen Lebenswandel auf allgemeine Bewunderung.

Doch schließlich wurde es seinem Vater zu viel. Ein lästiger Krieg gegen die kastilischen Nachbarn hatte Portugal ein Vermögen gekostet, gähnende Leere klaffte in der Staatskasse. Arglistig äugte der König hinüber nach Nordafrika. Gerade erst vor ein paar Jahrzehnten war es der Reconquista gelungen, ganz Portugal den Moslems zu entreißen. Doch dort drüben jenseits des Meeres herrschten sie noch immer, und nicht nur das, sie verfügten über nachgerade sagenhaften Reichtum! Denn bis in den Westen Nordafrikas zogen die Karawanen aus dem fernen Orient mit all ihren Schätzen. Sie kamen aus Ländern, in denen die Ameisen so groß wie Katzen sein sollten, so hatte der König vernommen, und die Flüsse waren dort aus purem Gold. Konnte es denn rechtmäßig sein, dass die Ungläubigen in den Genuss all dessen kamen und vom Handel mit den Schätzen profitierten? Lebten denn nicht auch in Nordafrika ehemals Christen? Es sei allerhöchste Zeit für eine neue Reconquista, die Rückeroberung Nordafrikas für die Christenheit, so beschloss der König. Er rüstete seine Flotte, charterte Schiffe in halb Europa und stach in See – an seiner Seite der verwöhnte Heinrich. Hier sollte dieser endlich zeigen, was er in seiner Ausbildung gelernt hatte.

Binnen 13 Stunden eroberten die portugiesischen Kämpfer die nordafrikanische Festung Ceuta. Im Siegestaumel stürzte sich der Prinz in barbarische Massaker an der dortigen Bevölkerung. Doch schnell ereilte ihn und seinen Vater die Ernüchterung: Ceuta war nur ein Außenposten, und nun, isoliert vom maurischen Hinterland, trafen hier mitnichten opulente Handelsgüter ein. Der geplante Beutezug entpuppte sich als grandioser Fehlschlag.

Reumütig kehrte Heinrich zurück in die Heimat. Er gelobte Besserung, ein Leben in Keuschheit und Frömmigkeit. Das zeigte Wirkung: Mit einem Mal überhäufte man ihn mit Ämtern, ernannte ihn zum Herzog von Viseu, zum Gouverneur der Algarve und vor allen Dingen zum weltlichen Administrator des Christusordens, eines Nachfolgers des Templerordens, der über immensen Reichtum verfügte. Die Einkünfte aus den Gütern standen nun Heinrich zu und lösten seine Finanzprobleme auf einen Schlag.

Seiner Sorgen genauso wie des leichtfüßigen Lebenswandels entledigt, richtete sich Heinrichs Augenmerk jetzt darauf, sein Wissen zu erweitern. Er las alles, was ihm in die Hände fiel. Vielleicht erinnerte er sich an die Prophezeiung, die der Rabbi einst anlässlich seiner Geburt gemacht hatte: die Entdeckung unbekannter Dinge.

Wenn schon Nordafrika wegen der feindseligen Moslems gemieden werden musste, so konnte man gleichwohl die Westseite der afrikanischen Küste südlich der maurischen Stützpunkte erforschen. Hier lockten nicht nur die besagten unbekannten Dinge, auch ließe sich mit diesen vielleicht respektierlich Geld verdienen und den geschäftstüchtigen Mauren ein Schnippchen schlagen. Außerdem – und diese selbstgesteckte Aufgabe bezeichnete Heinrich stets als vordringlich – könne man die unbekannten Gebiete für das Christentum gewinnen.

Deshalb stattete er ein paar Schiffe aus, gleichzeitig ließ er bekannt machen, dass er junge, verwegene Männer sowie ehrgeizige Kapitäne suche, um sie auf den Weg ins Unbekannte zu schicken. Diese Pioniere zu rekrutieren, erwies sich allerdings als echte Herausforderung. Denn jenseits des Kap Bojador, rund 500 Kilometer südwestlich des Cabo de São Vicente an der Küste der heutigen Westsahara gelegen, wartete das Ungewisse, das nie ein Mensch zuvor gesehen hatte.

Zumindest niemand, der verlässliche Angaben darüber hätte machen können. Das hinderte die Leute freilich nicht an der Verbreitung wilder Gerüchte. Dort liege das Meer der Finsternis, hieß es, wo jede Art von Seefahrt gänzlich unmöglich sei. Anstelle von Wasser gebe es roten Schlamm, in dem sich gigantische Ungeheuer tummelten, und das Land sei von der Sonne versengt, die so unbarmherzig glühe, dass die Haut der Menschen ganz schwarz verbrannt sei. Auch liege dort ein Magnetberg, der alles Eisen aus den Schiffen ziehe, die dann von den gierigen Schlünden gigantischer Strudel verschlungen würden. Fast grenzt es an ein Wunder, dass Heinrich trotzdem genug wagemutige Männer anheuern konnte.

Vielleicht ließen sie sich überzeugen, weil die Gerüchteküche noch mehr zu wissen glaubte. Denn habe man die Gefahren des Meers der Finsternis erst überwunden, so warte dahinter das Christenreich des Priesterkönigs Johannes. Dieser sagenhafte König beherrschte einem mittelalterlichen Mythos zufolge ein elysisches Land, durchflossen vom Fluss Ydonus, der dem

Garten Eden entspringe und ein Bett aus Edelsteinen habe. Eine Quelle an einem Berg namens Olymp verleihe Unsterblichkeit demjenigen, der dreimal aus ihr trinke, und die Steine in einem Meer aus Sand brächten Heilung von jedweder Krankheit.

Dies ist nur eine Auswahl der versprochenen Wunder, und wen störte es da noch, dass Johannes' Reich außer vom Vogel Phönix in erster Linie von Riesen, Chimären, Vampiren und anderen dubiosen Gestalten bewohnt wurde? Auch war es keinesfalls gewiss, dass dieses ersehnte Reich ausgerechnet im Süden zu verorten sein musste. Marco Polo zum Beispiel hatte es eher in China, zumindest jedenfalls im Osten lokalisiert. Heinrich jedoch kam zu dem Schluss, dass es sich irgendwo in Afrika befinden müsse, vielleicht bei den unbekannten Quellen des Nils. Wäre das der Fall, so ließen sich die verhassten Mauren doch wunderbar zwischen dem christlichen Europa und dem ebenfalls christlichen Johannesreich in die Zange nehmen!

Die Herzen angefüllt mit derartigen Hoffnungen, stachen Heinrichs Männer auf ihren Expeditionsschiffen in See. All ihre Erfahrungen, ihr Wissen über Lage und Aussehen der unbekannten Länder und Inseln, Menschen und Tiere sollten die Entdeckungsfahrer für Heinrich in geheimen Logbüchern notieren.

Doch die Erkenntnisse bezüglich der neuen Länder jenseits des berüchtigten Kap Bojador gestalteten sich ernüchternd. Denn dort sah es auch nicht anders aus als nördlich davon. Und doch ließ Heinrich nicht locker. Es ging ihm letztlich nicht bloß um die Entdeckung des sagenhaften Johannesreichs. Vielmehr hoffte er ja, südlich des Araberreichs gelegene Handelsplätze zu entdecken und die Moslems als Zwischenhändler für afrikanisches Gold, Guineapfeffer, Elfenbein und Sklaven zu umgehen. Seine Schiffe schwärmten deshalb weiter entlang der afrikanischen Küste aus, und sie drangen auch westwärts in die Weite des Atlantiks vor. Sie erreichten das bisher unbekannte Madeira und entdeckten dort vorzügliches Langholz, wunderbar zum Bau neuer Schiffe geeignet. Ein madeirisches Baumharz, das „Drachenblut“, erwies sich als vorzügliches Färbemittel, und weil sich in dem milden Klima zudem hervorragend Zuckerrohr anbauen ließ, wurden flugs Teile der Insel gerodet und mit Bauern besiedelt. Das Fett der um Madeira erlegten Robben bildete den Grundstock für Heinrichs Monopol auf die Seifenherstellung in Portugal. Und wenige Jahre später entdeckten Heinrichs Seefahrer auch noch die Azoren und begannen mit deren Besiedlung.

Daheim in Portugal beschäftigte sich Heinrich inzwischen mit der Verbesserung seiner Flotte. Die Erfahrungen mit den handlichen Booten der portugiesischen Fischer kombiniert mit dem alten Wissen der maurischen Seefahrer führen so zur Entwicklung der Karavelle – portugiesisch „caravela“, ein Kunstwort, das aus der Bezeichnung „carvalho à vela“ entstand: Eichenholz mit Segeln. Das erste Gefährt dieser Art lief 1440 in Lagos vom Stapel. Schnell und trotzdem hervorragend zum Tragen von Lasten geeignet, stiegen die Karavellen für Entdeckungsfahrten im Handumdrehen zum Schiff der Wahl auf.

Endlich gelang es einer Karavelle Heinrichs, das Kap Blanc an der Grenze zwischen der heutigen Westsahara und Mauretanien zu umfahren und weiter in den Süden vorzudringen als je zuvor. Schon bald erkundeten Heinrichs Leute den Senegal-Fluss, und schließlich umschiffte 1444 eine Karavelle unter dem Kommando des Dinis Diaz das Kap Verde, die westlichste Spitze Kontinentalafrikas. Dieser Dinis Diaz machte sich daran, die Gebiete des heutigen Guinea und Senegal zu erkunden, insbesondere erlangte er als der erste portugiesische Sklavenfänger zweifelhaften Ruhm. Mit dem Erlös aus dem Verkauf der gefangenen Menschen wurden die enormen Kosten der Expeditionen teilweise gedeckt. Niemand machte sich Gedanken um die humanitäre Seite dieses schmutzigen Geschäfts, denn schließlich hatte der Papst persönlich seinen Segen dazu gegeben. Statt mit Handelsgütern beladen, brachen die Karavellen nun mit bewaffneten Menschenjägern auf, die in Afrika Hatz auf Männer, Frauen und Kinder machten.

Um den dank dieser Machenschaften sprunghaft aufblühenden Handel in geordnete Bahnen zu lenken, wurde noch im gleichen Jahr die Companhia de Lagos gegründet, aus der das Indienhaus („Casa da Índia“) hervorging, jene Institution, die in Zukunft das Handelsmonopol über alle Verbindungen Portugals mit Übersee halten sollte.

Zehn Jahre später schließlich rundeten die Inseln der Kapverden die Reihe der Entdeckungen unter Heinrich dem Seefahrer ab. Erstmals erspähten Europäer am nächtlichen Himmel das Kreuz des Südens.

Als Heinrich am 13. November 1460 in seiner Villa auf der Halbinsel von Sagres im Alter von sechsundsechzig Jahren starb, gehörte er zu den reichsten Männern Portugals. Trotzdem hinterließ er eine lange Liste von Schulden. Um alle Gläubiger zu befriedigen, musste sein Hab und Gut größtenteils veräußert werden. Darunter befanden sich auch die Sklaven, die er als Anteil aus dem Raubzug des Dinis Diaz für sich beansprucht hatte.

Doch zu Heinrichs Hinterlassenschaft gehörten auch bahnbrechende nautische Neuerungen. Die von ihm ausgesandten Pioniere gelangten zu grundlegenden Erkenntnissen, die für die spätere Seefahrt wegweisend sein sollten. Sie kartografierten im Lauf der Jahre weite Teile der westafrikanischen Küstengewässer, aber sie drangen auch in die unerforschte Weite des Atlantiks bis an den Rand der Sargassosee vor. Denn sie lernten, den Quadranten zu nutzen und die geografische Breite anhand des Polarsterns zu ermitteln. Statt mühsam vor der Küste gegen Wind und Strömung zu kreuzen, um die Orientierung nicht zu verlieren, konnten sie jetzt im weiten Bogen über die See fahren und sich vom Westwind zurück in die Heimat treiben lassen. Damit öffneten die Männer Heinrichs des Seefahrers das Tor zur großen weiten Welt für all die anderen, die ihnen nachfolgen sollten.

# Frango piri piri – scharfes Hähnchen auf portugiesische Art

**Zutaten für 4 Personen:**

1 großes Brathähnchen (ca. 1.200 g)
200 ml Olivenöl
5 Knoblauchzehen
3 Chilischoten
2 rote Paprika
1 Zitrone
2 Zweige Thymian
1 Tl Cayennepfeffer
3 Tl Paprikapulver (edelsüß)
Salz
Pfeffer

**Zubereitung:**

Die Paprika waschen, vierteln und entkernen. Mit der Hautseite nach oben auf ein mit Backpapier ausgelegtes Backblech legen und bei stärkster Hitze backen, bis die Haut schwarze Blasen wirft. Herausnehmen, kurz abkühlen lassen, dann häuten und in eine Plastikrührschüssel geben. Knoblauchzehen häuten, Chilischoten längs aufschneiden und entkernen, dann alles grob zerkleinern und zu den Paprika geben. Die Zitrone auspressen, den Saft hinzugießen, außerdem Cayennepfeffer, Paprikapulver und Olivenöl hinzugeben, kräftig salzen, pfeffern und alles mit dem Pürierstab zu einer homogenen Masse zerkleinern. Thymianblättchen abzupfen und unterrühren. Diese Piri-Piri-Sauce sollte vor der Nutzung 24 Stunden im Kühlschrank durchziehen. Das Hähnchen in einer Schüssel in acht Teile zerlegen und mit der Sauce gründlich übergießen, mit Frischhaltefolie abdecken und mindestens 12 Stunden im Kühlschrank marinieren lassen. Den Backofen auf 180°C vorheizen. Die Hähnchenteile auf ein Backblech legen und von beiden Seiten 30 Minuten backen. Auf einen Rost legen, auf 220°C erhöhen und das Hähnchen 15 Minuten lang fertig backen. Mit Salat und Maisbrot servieren.

# Tief im Westen – die Ponta de Sagres und das Cabo de São Vicente

Das Ende der Welt. Über eine hohe Abbruchkante stürzt das Land ins Nirgendwo, bedrohlich nagt die schäumende Gischt der Unendlichkeit an seiner letzten Bastion. Nichts bleibt als die Weite des Ozeans, die sich im Ungewissen verliert. Wo grässliche Ungeheuer vor der Pforte des Jenseits wachen, die keine lebende Seele jemals zu durchschreiten vermag.

Wie zur Warnung umtost der Wind diesen letzten Außenposten der Welt, der am südwestlichsten Zipfel Portugals wie ein vorwitziger Rüssel in den Atlantik hinausragt. So unbarmherzig bläst dieser Wind, dass nur niedriges Gebüsch seiner Kraft widersteht, nichts als Ginster, Wacholder und Zistrosengestrüpp, karge Pflänzchen, denen man den stetigen Überlebenskampf ansieht.

Es ist nicht unbedingt ein einladender Ort, und dennoch weckt er Begehrlichkeiten. Ist denn nicht dieser letzte Zipfel Europas der ideale Ausgangspunkt, wenn man das Unbekannte erforschen will? Wo sonst sollten die Seefahrer aufbrechen, sich voller Gottvertrauen dem Willen von Wind und Strömung hingeben, um hinter dem Ende der Welt deren Neubeginn zu entdecken?

So dachte Heinrich der Seefahrer, und deshalb bezog er einen Stützpunkt hoch auf den Klippen im äußersten Südwesten Portugals. Hier wollte er einen großen Hafen errichten, die Basisstation für seine Flotte von Expeditionsschiffen. Doch leider bedachte er dabei die mangelnde Anziehungskraft des unwirtlichen Landstrichs nicht. Denn kaum jemand war dazu bereit, Heinrichs Aufruf Folge zu leisten, er fand schlicht und einfach keine Leute für sein ehrgeiziges Projekt. Es heißt, dass er schließlich Verbannte und andere in Ungnade gefallene Männer rekrutierte, die sich gegen die Zusicherung der Straffreiheit dazu bereitfanden, in dieser Gegend zu siedeln. Für sein Bauvorhaben reichte das jedoch nicht, und so kam es, dass anstelle der geplanten Neuanlage der alte Hafen von Lagos zum Stützpunkt der Entdeckungsfahrer wurde.

Doch der Wind zerrt am Zistrosengestrüpp und pfeift um die zerklüfteten Kanten der Klippen. Es ist, als wolle er sich Gehör verschaffen, als rufe er, wartet, wendet euch nicht ab, denn ich habe noch eine Geschichte zu erzählen! Auch sie handelt von Infante Dom Henrique, den ihr Heinrich den Seefahrer nennt.

Hier, auf der öden Landzunge Ponta de Sagres, die in den Atlantik 1.000 Meter weit hineinragt, habe Heinrich seine berühmte Seefahrerschule geführt, so wispert der Wind. Hier unterrichteten Gelehrte aus ganz Europa, Astronomen, Kartografen, Nautiker und Schiffskonstrukteure. Hier flossen alle Informationen zusammen, die auf den Entdeckungsfahrten gesammelt wurden, hier werteten kluge Köpfe die Erkenntnisse aus, tüftelten an neuen Technologien und Möglichkeiten, immer weiter über den Horizont hinauszusegeln. Alles Wissen der Seefahrerakademie von Sagres sei gehütet und bewacht worden wie ein Kronschatz, so raunt es der Wind. Und einst habe hier Christoph Kolumbus studiert, außerdem an seinem Plan gearbeitet, den Seeweg nach Indien zu entdecken.

Eine abweisende Betonwand, gelbgrau, klotzig und an die acht Meter hoch, versperrt den Zugang zur Ponta de Sagres, die wir auf den Spuren Heinrichs und des Think-tanks der Seefahrtspioniere besuchen. Hinter der Wand liegt die Fortaleza de Sagres, eine Festungsanlage aus dem 15. Jahrhundert, und gegen eine fast lächerlich geringe Gebühr gelangen wir durch die Eingangspforte, über der Heinrichs Wappen prangt. Dahinter liegen verstreut ein paar unscheinbare Gebäude. Nichts weist darauf hin, dass hier einst der zündende Funke für transkontinentale Fantasien entsprungen sein könnte.

Das ist kein Wunder, denn 1587 eroberte Sir Francis Drake im Krieg zwischen Spanien und England die Festung von Sagres und ließ sie schleifen. Knapp 50 Jahre später wurde sie wieder aufgebaut, nur um 1755 dem großen Erdbeben zum Opfer zu fallen. Unverzagt errichtete man am Ende des 18. Jahrhunderts neue Außenmauern, denn dank ihrer exponierten Lage genoss die Festung eine hohe strategische Bedeutung. Schließlich bietet sie außerdem durch die unzugänglichen Klippen an drei Seiten einen natürlichen Schutzwall, deshalb konnte sie stets gut verteidigt werden.

In den Fünfziger- und Sechzigerjahren des letzten Jahrhunderts versuchte man schließlich, anhand alter Zeichnungen Teile der Festungsanlage zu rekonstruieren, und baute einige der Gebäude in deren Innenbereich wieder auf. Damit sollte der 500. Todestag Heinrichs des Seefahrers gebührend gewürdigt werden. In den Neunzigerjahren erhielten die Festungsmauern schließlich ihren noch heute sichtbaren Betonverputz.

Als einzige hat die kleine, schneeweiß getünchte Kirche Ingreja de Nossa Senhora da Graça die Wirrnisse der Zeiten überdauert. Sie entstand im 16. Jahrhundert auf den Fundamenten einer Kapelle, deren Bau Heinrich der Seefahrer veranlasste. Als letzte Zeitzeugin könnte sie von der Vergangenheit erzählen, von den Gelehrten, die tief in Gedanken oder im angeregten Austausch mit ihren Kollegen über den drei Kilometer langen Pfad schritten, der am Rand der Klippen rings um die Ponta de Sagres herumführt.

Doch außer dem alten Kirchlein offenbart sich noch eine weitere Zeugin der Vergangenheit: Die geheimnisvolle Rosa dos Ventos, ein als „Windrose“ bezeichneter gepflasterter Kreis, der durch puren Zufall entdeckt und 1928 freigelegt wurde. Er misst stolze 43 Meter im Durchmesser und besteht aus 42 einzelnen Segmenten. Niemand weiß, welchem Zweck dieser Steinkreis einst diente, sicher ist nur, dass er aus der Zeit Heinrichs des Seefahrers stammt. War es bloß eine simple Sonnenuhr, ein astronomischer Kalender oder etwa ein geheimnisvolles Navigationsinstrument, das die Gelehrten an Heinrichs Schule entwickelten?

Dies wird wohl ein Mysterium bleiben, denn der Wind hat uns bloß eine Legende erzählt. Obwohl sich das Gerücht recht hartnäckig hält, hat Heinrichs legendäre Seefahrerakademie in Wirklichkeit nie existiert. Nur er selbst hat hier in der Fortaleza de Sagres seine Gedanken gesponnen, und vielleicht entsprang auch die Rosa dos Ventos seiner kühnen Ideenwelt. Doch ihr Geheimnis hat er mit sich hinüber in die andere Welt genommen.

Heute wissen wir zwar, dass diese andere Welt nicht hinter dem Atlantik beginnt. Doch nur ein halber Schritt, ein unachtsamer Augenblick oder ein Tritt auf den falschen Stein trennt die Männer und Frauen auf den Klippen der Ponta de Sagres von dieser anderen Welt. Sie kommen mit Eimer und Käscher, den nötigen Proviant haben sie im Rucksack verstaut und die Angelruten geschultert.

So gerüstet übersteigen sie die Abzäunung, die den Rundweg der Ponta de Sagres von der Abbruchkante der Klippen abschirmt, als sei dies die selbstverständlichste Sache der Welt. Unbeirrt marschieren sie weiter über das Geröll bis zum äußersten Punkt, und mitunter klettern sie sogar noch ein Stückchen weiter in die steil abfallende Felswand hinein. Dort, in schwindelnder Höhe, werfen sie ihre Angeln aus, deren Leinen bis hinab in die 70 Meter tiefer unten tosende Gischt reichen. Sie balancieren auf den äußersten Kanten der Klippen, und allein vom Zuschauen wird es mir ganz schummerig. Warum um alles in der Welt tun sie das?

Sie sind die Klippenfischer von Sagres, Hasardeure im Namen von Petris Heil. Wie riskant ihre Tätigkeit ist, zeigen die tödlichen Abstürze, zu denen es in jedem Jahr kommt. Und trotzdem machen sie weiter, tagaus, tagein. Sie verdienen ihren Lebensunterhalt auf diese Weise, denn das schäumende Meer an der Felskante ist besonders nährstoffreich. Schließlich bröckeln, bröseln und lösen die Wogen beständig neue Mineralstoffe aus dem Stein, Lebensgrundlage für das Plankton, das die üppigen Muschelbänke an den Felskanten ernährt. Die Muscheln wiederum locken ihrerseits zahlreiche hungrige Fische an. Am Ende dieser Nahrungskette der Gischt stehen die Klippenfischer mit ihrer halsbrecherischen Fangmethode.

Hin- und hergerissen zwischen Faszination und Schauder lasse ich meinen Blick weiterschweifen. Denn am Horizont thront über wellenumtosten Klippen der Leuchtturm vom Cabo de São Vicente mit seiner roten Kuppel, eingebettet in strahlend weiß getünchte Gebäude.

Dort ist nun wirklich das südwestlichste Ende von Europa, ein beliebtes Ziel der Touristen. Und weil diese davon überrascht werden, dass hier selbst in der warmen Jahreszeit oftmals eine kühle Brise alle Besucher zum Frösteln bringt, verkaufen die Stände an der zum Leuchtturm führenden Straße auch im Hochsommer dicke Wollpullover und Mützen. Besonders für seine eigenen Landsleute hat sich außerdem ein deutscher Imbissbudenbesitzer am Cabo de São Vicente einen Gag ausgedacht, er brät die „letzte Bratwurst vor Amerika“ und wirft Thüringer Rostbratwürste auf den Grill.

Das alles wirkt reichlich profan angesichts der rätselhaften Vergangenheit dieses herausragenden Punktes am Ende der Welt. Schon vor 6.000 Jahren errichteten Menschen Menhire über der Klippe, vielleicht wähnten sie sich hier ihren unbekannten Göttern am nächsten. Die Phönizier weihten das Kap ihrem Schutzgott Melkart, der ein wachsames Auge auf die Seefahrer hielt und ihnen dabei half, wilde Stämme an fremden Gestaden zu unterwerfen und den Weg für die phönizische Vorstellung von Recht und Ordnung zu ebnen.

Den Griechen hingegen war der wilde Landzipfel suspekt, sie bezeichneten ihn furchtvoll als „Schlangenland“. Denn vor Zeiten, so glaubten sie zu wissen, habe das geheimnisvolle Volk der Oestrimni die Gegend bewohnt, die Leute des äußersten Westens. Doch eines Tages sei ein grässliches Tier eingedrungen, eine drachenhafte Schlange, habe die Menschen vertrieben und danach der leeren Scholle seinen eigenen Namen gegeben.

Vielleicht um jene Schlange daran zu hindern, zurückzukehren und erneut Hoheitsansprüche zu stellen, errichteten die Griechen am Cabo de São Vicente einen Tempel zu Ehren des Herakles. Dieser war schließlich der größte Superheld, den sie sich vorstellen konnten, deshalb hätte er mit Sicherheit auch einem schrecklichen Drachen Paroli geboten.

Die Römer blickten ebenfalls voller Ehrfurcht auf die Landspitze am westlichsten Ende ihres Reichs. Sie galt ihnen als heiliger Sitz der Götter, an dem die Sonne im Meer versinkt. Die Christen schließlich fanden ihre eigene spirituelle Bedeutung für das Kap, und sie sind es auch gewesen, die ihm seinen bis heute gültigen Namen gaben.

Am Ende des 3. Jahrhunderts lebte nämlich in Saragossa ein frommer Mann namens Vinzenz. Er diente als Diakon dem dortigen Bischof und fiel der Christenverfolgung unter Kaiser Diokletian zum Opfer. Der Legende nach fand er einen wirklich barbarischen Tod, doch Engel spendeten ihm Trost und Raben bewachten seinen Leichnam, bis dieser in eine Kuhhaut genäht und im Meer versenkt wurde. Am Cabo de São Vicente soll er schließlich an Land gespült worden sein, dort fand man ihn und bestattete ihn in einem Schrein hoch oben auf dem Kap. Es heißt, dass auch über diesen Schrein ständig Raben wachten.

Der christlichen Heiligenverehrung konnten die Mauren freilich nichts abgewinnen. Wegen der unermüdlichen Raben am Grab des Vinzenz von Saragossa verpassten sie dem Cabo de São Vicente einen Spottnamen: Kanisah Al-Ghurab – Kirche der Raben.

Jahrhunderte später brachte man die sterblichen Reste des Sankt Vinzenz nach Lissabon, denn inzwischen war er zum Schutzpatron Portugals avanciert. Darüber hinaus betätigt er sich auch schutzspendend für Holzfäller, Töpfer und Dachdecker, für Winzer und für das Federvieh, ganz besonders aber für alle Seeleute. Kein Wunder also, dass man seiner am Cabo de São Vicente weiterhin gedachte und den dortigen Schrein in Ehren hielt, auch wenn dieser nun längst keine Gebeine mehr enthielt. Franziskanermönche wachten über die heilige Stätte und trotzten allen Unbilden der wechselnden Zeiten, den häufigen Piratenüberfällen, dem Kriegszug des Sir Francis Drake sowie dem Erdbeben von 1755. Erst die Säkularisierung von 1834 zwang die Franziskaner vom Cabo de São Vicente zur Aufgabe ihres Klosters.

Nun hielt die moderne Zeit Einzug am Kap des heiligen Vinzenz, und die verlangte nach technischer Hilfe für die inzwischen weit fortgeschrittene Seefahrt. So entstand inmitten des Franziskanerklosters 1846 der 24 Meter hohe Leuchtturm, um von hier aus eine der meistbefahrenen Schiffsrouten der Welt zu sichern. Er ist einer der stärksten Leuchttürme von ganz Europa, seine beiden Lampen haben je 1.000 Watt, ihr Licht ist noch in 60 Kilometern Entfernung zu sehen.

Doch alles noch so helle Strahlen des Leuchtturms vom Cabo de São Vicente, alle letzten und allerletzten Thüringer Bratwürste und alle noch so hässlichen gelb-grauen Betonwände vermögen es nicht, den mystischen Wind zu vertreiben, der die beiden Landzungen am äußersten Westzipfel im Süden Europas umweht und von den Geheimnissen der Vergangenheit erzählt.

## Arroz de marisco – Reis mit Meeresfrüchten

**Zutaten für 4 Personen:**

2 mittelgroße Tintenfische
16 Garnelen
1 kg Miesmuscheln
1 kg Venusmuscheln
250 g Lingueirões (diese Muschelsorte ist bei uns schwer erhältlich, alternativ Jakobsmuscheln)
1 l Fischfond
400 g Reis
1 rote Paprika
4 Tomaten
1 Zwiebel
2 Knoblauchzehen
250 ml süßer Portwein
1 kl. Bd. frischer Koriander
1 Lorbeerblatt
2 El Tomatenmark
Piri-Piri-Öl (alternativ Chiliöl)
Olivenöl
Salz und Pfeffer

**Zubereitung:**

Die Venusmuscheln 30 Minuten lang wässern, dabei immer wieder das Wasser wechseln. Anschließend unter fließendem Wasser gründlich waschen.

Die Miesmuscheln ebenfalls unter fließendem Wasser abspülen, dabei bereits geöffnete Exemplare entfernen. Die anderen Muscheln in einen Topf mit Salzwasser geben und aufkochen, dann köcheln lassen bis die Muscheln geöffnet sind. Muscheln, die sich nicht öffnen, entfernen, die andern aus der Schale nehmen und beiseitestellen.

Die Tintenfische in ca. 4 cm große Stücke schneiden. In einer Pfanne etwas Olivenöl erhitzen und die Tintenfischstücke darin bei starker Hitze anbraten, dann die Hitze reduzieren, mit dem Deckel verschließen und 5 Minuten lang fertig garen. Danach beiseitestellen.

Zwiebeln und Knoblauchzehen häuten und klein würfeln. Die Paprika putzen, vierteln und in schmale Streifen schneiden, die Tomaten mit siedendem Wasser übergießen, häuten, entkernen und würfeln. Die Korianderblättchen abzupfen und grob hacken.

In einer sehr großen Pfanne einen Schuss Olivenöl erhitzen und Zwiebeln, Knoblauch und Paprika darin leicht braun anbraten.

Das Tomatenmark hinzugeben und unter Rühren anschwitzen, dann die Tomatenwürfel und das Lorbeerblatt hinzugeben und die Hitze reduzieren. Bei mittlerer Hitze unter Rühren 10 Minuten köcheln lassen, danach den Portwein und schließlich den Fischfond hinzugießen. Salzen, pfeffern und mit ein paar Tropfen Piri-Piri-Öl würzen, den Reis hinzugeben, gut verrühren und kurz aufkochen lassen, dann wieder mittlere Hitze einstellen.

Nun die Tintenfischstücke hinzugeben, danach stets im Abstand von 2 Minuten die Lingueiròes bzw. Jakobsmuscheln, die Miesmuscheln, die Venusmuscheln mit Schale und zum Schluss die Garnelen. Abdecken und bei milder Hitze weiterköcheln, bis der Reis gar ist. Dann den Koriander unterrühren und servieren.

## Toucinho do cèu – „Himmelsspeck“

### Zutaten:

300 g gemahlene Mandeln
300 g brauner Zucker
die dünn abgeraspelte Schale von 1 Zitrone (unbehandelt)
6 Eigelbe
30 g Butter
Bittermandelöl
Puderzucker
Butter zum Einfetten

### Zubereitung:

Die gemahlenen Mandeln in einer beschichteten Pfanne ohne Fettzugabe rösten, bis sie goldgelb sind. Den Zucker mit 100 ml Wasser in einen Topf geben, unter Rühren aufkochen lassen, dann die Mandeln hinzugeben. Bei milder Hitze unter ständigem Rühren köcheln lassen, bis die Masse glasig aussieht. Vom Herd nehmen, die Butter, einige Spritzer Bittermandelöl und die Zitronenschale unterrühren. Die Eigelbe gut verquirlen und ebenfalls unter die Masse rühren, sobald diese etwas abgekühlt ist. Eine Springform gut mit Butter einfetten, die Masse hineinfüllen und glatt streichen. Den Backofen auf 180°C vorheizen und die Springform hineinstellen.

40 Minuten lang backen, nach der Hälfte der Zeit mit Alufolie abdecken. In der Form auskühlen lassen und vor dem Servieren mit Puderzucker bestreuen.

# Der alte Mann und der Baum – Weltmarktführer im Eichenhain

Pascoal ist kein junger Mann. Er geht leicht gebeugt, und sein graues Haar ist schütter geworden. Tiefe Furchen durchziehen sein wettergegerbtes Gesicht, tiefer als die Täler der Serra-Berge, die sich im Norden über den Hügeln erheben. Er hat Altersflecken auf Stirn, Wangen und den schwieligen Händen. Doch seine Augen blitzen lebhaft, und wenn auch seine Schritte schwerer geworden sind, so verraten sie dennoch seinen eisernen Willen. Und der ist noch immer ungebeugt.

Kurzum, Pascoal ist ein Mann wie eine alte Eiche. Und deshalb wirkt er wie ein Bruder des knorrigen Baums, in dessen dicke, verschrumpelte Rinde er eine betagte Axt geschlagen hat. Nicht brutal und in zerstörerischer Absicht, sondern eher liebevoll mit sachter Bewegung, und sein Blick ist dabei fast zärtlich.

Pascoal zieht die Axt wieder heraus und streicht sanft über die schorfige Rinde. Dann schnuppert er am Baum, als könne er mithilfe des Geruchs eine geheimnisvolle Zwiesprache mit ihm halten. Auch der Baum ist alt, älter sogar als Pascoal, und tatsächlich sind die beiden seit vielen Jahren miteinander verbunden. Alle neun Jahre schlägt Pascoal seine Axt in die Borke des Baumes, es ist eine entschleunigte Verbindung zwischen den beiden, eine Langsamkeit, wie sie Bäumen und alten Menschen gebührt.

Dann hebt Pascoal seine Axt wieder, und mit gezielten, sicheren Hieben macht er sich daran, die Borke von seinem alten Kumpel zu lösen. In Kopfhöhe schlägt er waagerecht eine Kerbe rund um dessen Stamm. Er geht behutsam dabei vor, achtet akribisch darauf, nicht die unterste Zellschicht zu verletzen, aus dieser wird die Rinde nämlich nachwachsen. Ganz allmählich, Schicht für Schicht.

Denn Pascoals Baum ist eine Korkeiche, eine von hunderten, die auf seinem Land wachsen. Ein lichter Wald von Korkeichen, zwischen ihnen Disteln und anderes Gestrüpp. Diesen Wald besitzt Pascoals Familie, so lange er denken kann und noch viel länger. Tatsächlich werden Korkeichen schon mindestens seit dem 2. Jahrhundert im Mittelmeerraum kultiviert.

Kork ist leicht, elastisch und wasserabweisend. Man kann ihn in den Flaschenhals pressen oder eine Amphore luftdicht damit verschließen, und selbst wenn man den Behälter auf den Kopf stellt, wird der Korken sich nicht vollsaugen und die Flüssigkeit hinausdringen lassen. Das macht ihn zum idealen Verschluss für alle Gefäße, in denen etwas Flüssiges transportiert oder gelagert werden soll. Und auch seine Schwimmfähigkeit wussten schon die Menschen der Antike zu schätzen. Die Römer nutzten ihn für Bojen, um ihre Schifffahrtsrinnen zu kennzeichnen, in Babylon und im Alten Ägypten diente er als Angelpose. Seine Nutzung ist ein altes Kulturgut.

Inzwischen hat Pascoal den Schaft seiner Axt in die Kerbe gedrückt und ein Rechteck von etwa einem Meter Höhe aus der Borke gehebelt. Mit gekonnten Handgriffen zieht er es langsam vom Stamm ab. „Mehr darf man nicht nehmen," sagt er und nickt zufrieden. „Sonst verletzt man den Baum zu sehr. Man darf auch die Axt nicht zu tief hineinschlagen. Damit beschädigt man die Wasseradern im Stamm. Die Rinde wird brüchig und der Baum siecht dahin." Er betrachtet stirnrunzelnd seine alte Schälaxt, als führe er auch mit ihr ein vertrautes Zwiegespräch. Gut möglich, denn diese Axt begleitet ihn wohl schon ein halbes Leben lang. Sorgfältig pflegt er sie, schärft sie regelmäßig. Sein Arm und die Axt verbinden sich zu einem einzigen Werkzeug, wenn er sich an die Arbeit macht.

Nun wirft er die Rinde auf den Anhänger seines kleinen Traktors, kommt noch einmal zurück und tätschelt die kahle Stelle, als wolle er den Baum trösten. Zuletzt sprüht er mit Farbe die Jahreszahl auf den Stamm. „Damit man weiß, wann wieder geerntet werden kann", erklärt er, holt seinen Proviant vom Traktor und lässt sich erst einmal schwerfällig im Gras nieder, den Rücken an eine andere Korkeiche gelehnt. Lachend hebt er seine Hände und zeigt deren Innenflächen, die vom oxydierten Baumharz ganz schwarz sind. „Waschen ist sinnlos", grinst er und holt Brot und Käse aus seiner Proviantüte. Dann betrachtet er noch einmal den Stamm der eben geschälten Eiche und seufzt. „Beim nächsten Mal wird hier ein anderer ernten." Er nickt schicksalsergeben, beißt in sein Brot und fügt kauend hinzu: „Ich bin dann zu alt dafür."

Die hitzeflirrende Stille eines sommerlichen Mittags liegt über dem Eichenhain, nur ein paar Insekten schwirren zwischen den dürren Gräsern, und in den Baumwipfeln singen die Vögel. Kaum zu glauben, dass nur 20 Kilometer von dieser friedvollen Oase entfernt der Badetrubel an der Südküste der Algarve tobt. Es sind zwei Welten, die unterschiedlicher kaum sein könnten.

„Dieser Wald ist ein lebendiges Wesen", meldet sich Pascoals Stimme, nachdem er das Brot mit einem Schluck Vinho Verde hinuntergespült hat. „Meine Familie lebt in Symbiose mit ihm, das ist schon immer so gewesen. Und ich kenne jeden einzelnen Baum, viele von ihnen mein ganzes Leben lang."

Pascoals Plantage ist tatsächlich uralt. Dabei hat die Familie der Korkbauern nicht mehr zu tun, als den Bäumen gebührenden Respekt zu erweisen. Dann wird solch eine Korkeiche 150 bis 200 Jahre alt und kann gut und gerne 18 Mal geschält werden. Man braucht die Bäume nicht einmal anzupflanzen, sie kommen ganz von selbst.

„Schon seit meiner Kindheit besuche ich alle Bäume ein- oder zweimal im Jahr." Pascoal lässt den Blick über die Korkeichen ringsherum schweifen. „Jedes Mal schaue ich mir das Wachstum ihrer Rinde an und notiere die Besonderheiten." Er lächelt. „Ich glaube, sie wissen, dass ich mich um sie kümmere. Weil wir Freunde sind. Käme ich nicht vorbei, würden sie mich vermissen. Und vielleicht nicht mehr so gut gedeihen."

25 Jahre muss der junge Baum wachsen, bis man ihn erstmals schälen darf. Erntezeit ist zwischen Mai und August, wenn der Südwind heiße, trockene Luft aus Afrika über die Wälder treibt. Die allererste Ernte taugt noch nicht viel, es ist der sogenannte „männliche Kork", wenig elastisch und rissig. Schlechtes Zeug, das nicht viel Geld bringt, weil es nur als Korkmehl oder Granulat für Dämmplatten und Billigkorken taugt. Erst neun Jahre später gibt es eine bessere Qualität, den hochwertigen „weiblichen Kork", elastisch und fest. Weil jeder Baum ein Individuum ist, liefert jeder einen anderen Kork, mal dicker, mal dünner, mal grober, mal feinkörniger. Die vier Ernten nach der allerersten sind aber bei allen Bäumen die besten, danach lässt die Festigkeit des Korks allmählich wieder nach. Und von Ernte zu Ernte gehen jedes Mal neun, manchmal sogar zehn Jahre ins Land.

Doch die Vielseitigkeit der Nutzung von Kork rechtfertigt die lange Wartezeit. Nicht nur Flaschenstopfen lassen sich daraus herstellen, auch Fußbodenbeläge, Maschinendichtungen und Wärmeisolierungen, außerdem Schuhsohlen, Pinnwände oder die Schwimmer von Fischernetzen und Angeln. Wegen seines geringen Gewichts ist Kork beim Flugzeugbau gefragt, er wird als Werkstoff für besonders leichte Straßenbahnen eingesetzt und dient sogar als Gleisbett. Die feinsten und elastischsten Qualitäten landen als Korken auf teuren Champagnerflaschen.

Portugal ist mit rund 750.000 Hektar Anbaufläche weltweit führend in der Korkproduktion, rund 50 Prozent allen Korks stammen aus hiesigen Plantagen. Die größten Anbaugebiete liegen im Alentejo, der Region nördlich der Algarve, die fast ein Drittel der Fläche des Landes ausmacht, aber nur von gut fünf Prozent der Bevölkerung bewohnt wird. Hier führt inzwischen die „Rota da Cortiça" – die Route des Korks – Touristen zu den wichtigsten Stationen der Korkgewinnung. Doch auch im Hinterland der Algarveküste gibt es Korkeichenplantagen.

Kork ist nicht nur ein nachhaltiges Naturprodukt, die dicke Rinde der Korkeiche bindet zudem fünfmal mehr Kohlendioxid als die anderer Baumarten. Portugals Korkeichenwälder sind deshalb wirksame Helfer im Kampf gegen den Klimawandel.

„Seit fast 70 Jahren mache ich diese Arbeit", murmelt Pascoal und schaut nachdenklich auf seine vernarbten Hände. Manchmal ist ihm die Axt abgerutscht, aber viel ist nie passiert. Jetzt ist er 83 Jahre alt, er weiß, dass seine Zeit als Korkschäler zu Ende geht. Doch viel mehr bekümmert es ihn, dass auch die alte Tradition des Korkanbaus in die Jahre gekommen ist. „Es gibt immer weniger Bäume", stellt er schwermütig fest.

Das ist zum einen den Waldbränden geschuldet, die in den letzten Jahren vermehrt auftreten und denen mitunter die Plantagen ganzer Hügelketten zum Opfer fallen. Zum anderen wütet seit den Sechzigerjahren ein schädlicher Pilz, der inzwischen ein Drittel der Bäume zerstört hat. Und dann sind da noch die

Eukalyptusbäume, die im Zuge der Aufforstungsmaßnahmen angepflanzt wurden. Sie verbreiten sich rasch, und sie wachsen schnell, viel schneller als die gemächlichen Korkeichen. Ihre Kronen nehmen den Eichen das Licht, und ihre durstigen Wurzeln saugen gar zu viel Wasser aus dem Boden.

Doch es gibt auch noch ein anderes Problem. Inzwischen – jeder Weintrinker weiß es – werden immer weniger Flaschen mit klassischen Korken verschlossen. Selbst edle Tropfen haben jetzt einen praktischen Schraubverschluss.

Der erspart den Durstigen nicht nur die lästige Arbeit mit dem Korkenzieher, er verhindert auch die Enttäuschung, falls der gute Wein einmal korken sollte. Das kann hin und wieder vorkommen, wenn der Korken mit Spuren eines Schimmelpilzes verunreinigt ist. Schon in allerwinzigsten Mengen verderben diese den Wein, denn sie setzen den intensiv muffig riechenden Kohlenwasserstoff TCA frei.

Die Gemeinde der Weinfreunde ist gespalten. Viele schwören inzwischen auf den Schraubverschluss, die Traditionalisten halten hingegen dem Korken die Treue. „Wein mit Schraubverschluss fehlt das Leben", knurrt Pascoal verächtlich und zwängt den Korkpfropfen zurück in seine Vinho-Verde-Flasche. Dann erhebt er sich mühsam, schlurft zum nächsten Baum, betastet vorsichtig dessen Rinde und platziert seine Axt.

Bis zu 100 Kilogramm Kork liefert ein einzelner Baum, große auch mehr. 30 Euro bekommt Pascoal für zehn Kilo, vorausgesetzt, die Qualität ist gut. Doch bevor er seine Ernte abliefern kann, muss diese drei Wochen lang trocknen. In dieser Zeit büßt der Kork knapp ein Viertel seines Gewichts ein.

Beim Korkhändler werden die Rindenstücke zunächst eine Stunde lang ausgekocht, anschließend gepresst, getrocknet, zugeschnitten und nach Qualität sortiert, bevor sie zur Weiterverarbeitung an andere Betriebe gehen.

In der Korkenfabrik sitzen die Arbeiter an einer Maschine und stanzen Flaschenkorken aus der Rinde, die in passend vorgeschnittenen Streifen über ein Band heranrollt. Sie prüfen vorab jeden Streifen auf seine Qualität, denn weil Kork ein Naturprodukt ist, kann diese auch innerhalb des gleichen Streifens variieren. Schnell geht das, mit geübtem Blick, und deshalb schafft ein guter Arbeiter bis zu 15.000 Korken an einem einzigen Tag.

Die meisten Fabriken stehen im Norden des Landes, der Kork wird zur Verarbeitung einmal quer durch Portugal gekarrt. Und der Fortschritt schläft nicht: Es gibt inzwischen Stanzroboter, die nicht nur doppelt so viele Korken schneiden können wie die Arbeiter, sondern dabei auch noch gleichzeitig die Qualität überprüfen. Und modernste Methoden verhindern die Verunreinigung mit TCA. Drei Viertel der Korkproduktion werden noch immer zu Korken verarbeitet – allen Schraubverschlüssen zum Trotz. Dennoch ist die Zahl der Korkenfabriken stark rückläufig.

Viele Portugiesen machen sich angesichts der Veränderungen auf dem Weltmarkt Gedanken um die Bewahrung ihres Kulturguts Kork. So kommen sie auf innovative Ideen für dessen Weiterverwendung. Es gibt inzwischen Handtaschen und Gürtel aus Kork, dazu Blumentöpfe, Yogamatten, Hüte, Krawatten, Hundeleinen, Regenschirme, Schmuck, Fußbälle oder Miniröcke. Die vielleicht verrückteste aller Ideen hatte ein Geschäftsmann aus Coruche, der östlich von Lissabon gelegenen selbsternannten „Welthauptstadt des Korks". Er hat die erste Handyfabrik Portugals gegründet und baut dort Smartphones mit einem Gehäuse aus Kork. Die technischen Komponenten kommen nach Möglichkeit aus europäischer Herstellung, statt der Plastikteile, die nicht durch Kork ersetzt werden können, kommt biologisch abbaubares Material zum Einsatz. Das nachhaltige Kork-Smartphone wird am Markt bestehen, da ist sich der Unternehmer sicher. Und wer weiß, auf welche Kork-Ideen die Portugiesen noch kommen werden. Das Geschäft mit dem Kork ist noch lange nicht verkorkst!

„Die Deutschen haben die Autos, die Araber das Öl, die Amerikaner das digitale Business, die Chinesen die Billigproduktion", ruft Pascoal, als er das nächste aufgerollte Rindenstück auf seinen Anhänger wirft. „Wir haben den Kork!"

## Peixinhos da horta – „Fischlein aus dem Garten“

### Zutaten für 4 Personen:

500 g frische Stangenbohnen
150 g Weizenmehl
30 ml Milch
1 Ei
Salz
1 l neutral schmeckendes Speiseöl zum Ausbacken

### Zubereitung:

Die Bohnen waschen, die Enden abschneiden und dabei die Fädchen abziehen. 1 l Salzwasser aufkochen und die Bohnen darin 3 Minuten lang blanchieren, dann in ein Sieb abschütten und abtropfen lassen, danach auf Küchenkrepp ausbreiten und trocknen lassen.

Das Mehl gut mit der Milch vermischen und 10 Minuten quellen lassen. Nach Ablauf der Zeit das Ei unterrühren, bis ein homogener Teig entstanden ist. Nicht salzen, gesalzen wird erst nach dem Backen.

Das Speiseöl in einem Topf oder in der Fritteuse auf ca. 160°C erhitzen. Die Bohnen nacheinander im Teig wälzen und im Öl ausbacken, bis der Teig goldgelb ist. Auf Küchenkrepp entfetten, salzen und sofort servieren.

Alternativ kann man die Peixinhos da horta auch aus Okraschoten herstellen. Man isst sie als Teil der Petiscos, der traditionellen Vorspeisen, oder als Beilage zu gegrilltem Fisch oder Fleisch.

# Märchenschlösser und Traumgespinste – die fantastische Welt von Sintra

Lieben Sie Märchen? Schwelgen Sie gerne in romantischen Fantasiewelten, in denen sich alles vermischt, was sich die Geschichtenerzähler jemals ausgedacht haben? All die Gedankengespinste und Wolkenschlösser, seit vor ewigen Zeiten das erste Lagerfeuer unsere Vorfahren wärmte und geheimnisvolle Wesen aus einer anderen Welt in seinen Flammen tanzten? Dann kommen Sie nach Sintra!

Umgeben von wild aufstürmenden Felsformationen liegt inmitten pinienbedeckter Hügel eine kleine Stadt, die nicht von dieser Welt zu sein scheint. Unglaublich, dass nur 25 Kilometer südöstlich von hier das ganz und gar diesseitige Lissabon liegt! Und gäbe es nicht abertausende Touristen, die sich durch die prächtig gepflasterten Gassen von Sintra schöben, so könnte man meinen, durch eine magische Pforte geschritten und in einer verzauberten Anderswelt angekommen zu sein.

Wie an jedem zweiten und vierten Sonntag des Monats ist heute Markt in Sintra. Bunte Stände reihen sich aneinander, zwischen den farbenfrohen Fassaden der charmanten alten Häuser. An solchen Tagen ist Sintra noch ein wenig fantastischer, es verwandelt sich in einen berauschenden Zirkus der Sinneseindrücke. Das fröhliche Geschnatter der Besucher mischt sich mit dem lautstarken Feilschen der Händler und Käufer. All dies zwischen Bergen von prall reifen Paprika, Auberginen, Tomaten. Zwischen leuchtend grünen Salatköpfen, dicken Zöpfen aus feuerroten Chilischoten, aus Zwiebeln und Knoblauch, der einen intensiven Duft verströmt. Weiter hinten türmt sich allerhand Krimskrams auf, grell bunte Keramiken, dicke Pullover und haufenweise Schuhe. Vom Stand nebenan weht der Geruch frisch gegrillten Fleischs heran. Kaninchen hoppeln durch einen Verschlag, Hühner gackern aufgeregt in ihren Käfigen, in einer Holzkiste piepsen flauschige Küken.

Ein hübsches Städtchen mit einem lebhaften Markt, so weit, so liebenswert, aber recht wenig spektakulär. Doch als ich nur ein Stück weiter hangaufwärts durch die Serpentinengässchen gehe, enthüllt Sintra die erste seiner Überraschungen. Denn Sintra ist ein Schmuckkästchen, reichlich gefüllt mit Burgruinen, Märchenschlössern und Palästen, umgeben von verwunschenen Gärten mit üppig wucherndem Grün. Und immer wieder eröffnen sich atemberaubende Aussichten über Landschaft und Meer. So fügt sich die extravagante Komposition aus Architektur und Natur in Sintra zu einer leidenschaftlichen Sinfonie von Farben und Formen zusammen, die weltweit ihresgleichen sucht.

Das erste dieser erstaunlichen Bauwerke erhebt sich inmitten der Kleinstadt: der Nationalpalast Palácio Nacional de Sintra. Wie ganz Sintra zählt auch dieser seit 1995 zum UNESCO-Weltkulturerbe, und er verrät, warum Sintra sich zu einem so außergewöhnlichen Ort entwickelt hat. Vom 14. bis ins 20. Jahrhundert hinein diente dieser Palast aus gutem Grund als königliche Sommerresidenz. Rund 200 Meter über dem Meer gelegen und umgeben von dichten Wäldern bietet Sintra nämlich ein angenehmes Klima mit wohltuend frischer

Brise, ganz anders als die quälend stickige Stadtluft, die in der Talsenke von Lissabon wie unter einer Glocke verharrt.

Das auffälligste Merkmal des Nationalpalasts sind seine beiden überdimensionalen konischen Schornsteine, die das Bauwerk mit ihrer Höhe von 33 Metern weithin sichtbar überragen und wie zu groß geratene Zipfelmützen wirken. Sie befinden sich auf dem Dach der Palastküche und erzählen davon, dass die hohen Herrschaften hier weit mehr als nur die frische Atlantikbrise zu genießen wussten.

Der Nationalpalast entstand als Alcázar in maurischer Zeit und erfuhr in den darauffolgenden Jahrhunderten immer wieder bauliche Veränderungen und Erweiterungen. So präsentiert er sich als eine aufregende Mixtur aus verschiedenen Epochen: von den arabisch anmutenden Deckengewölben, den lauschigen Innenhöfen und den blauen Azulejo-Fliesen im maurischen Stil über gotische Spitzbögen bis hin zu den Bauelementen der Manuelinik, die den Palast ganz wesentlich prägen. Denn unter König Manuel I. erhielt das Bauwerk zu Beginn des 16. Jahrhunderts sein heutiges Erscheinungsbild.

Hoch über Sintra und seinem Nationalpalast krönen die Wehrmauern des Castel dos Mouros die Felsen und runden das Gesamtbild malerisch ab. Ein steiler Weg führt zu den Ruinen des Kastells empor, beschwerlich, aber lohnend, denn hier oben eröffnet sich der schönste Ausblick über Sintra und sein Gebirge, die Sierra de Sintra, bis hin zum Atlantik und der blauen Ferne. Die Maurenburg entstand im 8. Jahrhundert und wurde 1147 von den Portugiesen erobert. Die kümmerten sich nicht weiter um die Festung ihrer alten Feinde, sodass sich das Kastell im Lauf der Jahrhunderte in eine idyllische Ruine verwandelte. Erst im Zeitalter der Romantik richtete sich das Augenmerk wieder darauf, 1860 fand eine umfassende Restaurierung statt.

Doch nicht nur die Ruinen der Maurenburg erregten die Aufmerksamkeit der Romantiker. Ganz Sintra mit seiner herrlichen Landschaft, den steilen Hügeln und dichten Wäldern vor der Kulisse der dramatischen Atlantikküste war auf einmal en vogue. Wer es sich leisten konnte, kaufte ein Stück Land und ließ sich ein Sommerhäuschen erbauen, und weil dabei ein jeder den anderen zu übertreffen versuchte, entstand eine Fülle von extravaganten Villen, Residenzen und Palästen, umgeben von kunstvollen Gartenanlagen, eine großartiger als die andere. Ein Dickicht aus Kamelien voll betörender Blütenpracht, dazwischen versteckte Brünnlein, die still vor sich hinplätschern, ein verträumter Teich im kühlen Schatten zwischen hohen Palmen und uralten Tannen, eine traute Bank, verborgen in einem verwunschenen Winkel. „Sintra, wo Natur und Kunst sich auf wundervolle Weise ergänzen", schwärmte Hans Christian Andersen, einer der Literaten, die dem Lockruf Sintras im 19. Jahrhundert folgten.

Das vielleicht unglaublichste Bauwerk im Reigen der Traumpaläste ist der Palácio da Pena. Mit seiner bunten Fassade, übersät von einem Konglomerat aus Kuppeln, Zwiebeltürmchen, Zinnen, Erkern, Barockportalen und Minaretten, wirkt er wie ein Fantasiegebilde, bei dessen Erschaffung sich Friedensreich Hundertwasser, Walt Disney und König Ludwig von Bayern die Hand gereicht haben. Doch in Wirklichkeit ist der Palácio da Pena älter als sämtliche Werke dieser Meister der surrealen Schöpfungen. Er ist so etwas wie die Mutter aller utopischen Märchenschlösser.

Seine Geschichte begann mit einem Kloster von Hieronymitenmönchen, das am Ende des 15. Jahrhunderts auf einem Felsplateau oberhalb Sintras entstand. Wenige Jahre später erfuhr das recht schlichte Gebäude unter Manuel I. die Umgestaltung zu einem Prachtstück. Doch das große Beben von 1755 machte die Stein gewordenen spirituellen Träume der Hieronymiten zunichte, große Teile ihres Klosters wurden zerstört. Und schließlich, nach der Säkularisierung von 1834, verließen die allerletzten frommen Brüder den Ort, die noch in den Ruinen ausgeharrt hatten.

Doch die Reste des Klosters sollten nicht lange verlassen bleiben. Schon zwei Jahre später kaufte Ferdinand II. den Trümmerhaufen. Dieser feingeistige Mann besaß ein großes Faible für die schönen Künste, der Zeitgeist der Romantik beseelte sein Denken und Empfinden. Er gehörte dem Adelshaus von Sachsen-Coburg und Gotha an, sein Vater hatte die ungarische Staatsangehörigkeit angenommen und war zum Katholizismus konvertiert, um eine schwerreiche österreichisch-ungarische Magnatin heiraten zu können.

Ihr gemeinsamer Sprössling, Prinz Ferdinand, stellte deshalb eine ausgesprochen gute Partie dar, und weil er darüber hinaus auch noch ein einnehmendes Äußeres besaß, entschied sich Maria, die Königin von Portugal, den 19-jährigen Jüngling zu heiraten.

Sie selbst war erst kurz zuvor verwitwet, und sie lebte in äußerst turbulenten Zeiten. In Portugal, wo inzwischen die konstitutionelle Monarchie herrschte, stritten verschiedene Gruppierungen mit Vehemenz um die Macht, und die 20-jährige Maria war eben erst nach einigem Hin und Her als Regentin eingesetzt worden. Umso wichtiger erschien eine angemessene Ehe, um ihre Position als Königin Maria II. zu festigen. Es heißt, dass Maria und Ferdinand sehr glücklich miteinander gewesen seien. Sie bekamen elf Kinder, von denen vier bei der Geburt starben. Die Geburt des letzten Sohnes im November 1853 überlebte auch Maria nicht.

Aufgrund seiner deutschen Abstammung lehnten die Portugiesen Ferdinand zunächst vehement ab. Doch Ferdinand zeichnete sich nicht nur durch äußerliche Attraktivität, Geld und die Liebe zur Kunst aus, darüber hinaus besaß er einen wachen Verstand. Mit klugen Strategien gelang es ihm, die Herzen der Portugiesen zu gewinnen, und er ging als „Künstlerkönig“ in die Geschichte des Landes ein. Denn nach dem Tod seiner Frau übernahm er selbst bis zur Volljährigkeit seines ältesten Sohnes die Krone.

Ausgestattet mit seinem schier unermesslichen Privatvermögen hatte sich Ferdinand schon 1838 an den Bau des Palácio da Pena auf den Grundfesten der Ruinen des Hieronymitenklosters gemacht. Er engagierte Wilhelm Ludwig von Eschwege, einen hessischen Geowissenschaftler, der gleich nach dem Studium eine Stellung im portugiesischen Bergbau angenommen hatte. Eine Weile wirkte Eschwege auch in brasilianischen Eisenhütten und Goldminen, um schließlich zum Oberberghauptmann von Portugal zu avancieren. Was ihn allerdings als Architekten qualifizierte, bleibt rätselhaft. Vielleicht ist es aber gerade seiner Unbefangenheit als Quereinsteiger zu verdanken, dass der Pena-Palast so unkonventionell geriet.

Eschwege kombinierte mit fast schon kindlicher Fröhlichkeit die verschiedensten Baustile miteinander. Orientalische Ornamente vereinen sich mit barockem Stuck; mittelalterliche Gotik, nüchterne Renaissance und prunkende Manuelinik verschmelzen zu einer atemberaubenden Farb- und Stilexplosion, die die Sinne verwirrt. In den Innenräumen setzt sich dieses Patchwork der Epochen unbeirrt weiter fort, jedes einzelne Zimmer schwelgt in überbordenden Dekorationen und kostbarstem Mobiliar. Kein Pomp schien Eschwege zu viel, keine Übertreibung zu gewagt. Diese exaltierte Bündelung verschiedenster Stilelemente heißt Eklektizismus, man findet sie vielerorts in der Architektur, aber vielleicht nirgends so ausgeprägt und ungeniert wie hier in Sintra.

Und Eschwege traf damit genau den Geschmack der Zeitgenossen, die wie Ferdinand nach Bombastischem strebten. Der Palácio da Pena inspirierte Ludwig II. zum Bau von Neuschwanstein, das es ohne Eschwege wohl nie gegeben hätte. Und Richard Strauß jubelte beim Anblick des Pena-Palasts überwältigt: „Das ist der glücklichste Tag meines Lebens! Ich bin nach Italien, Sizilien, Griechenland und Ägypten gereist, aber ich habe niemals irgendetwas gesehen, was Pena gleicht. Dies ist der wahre Garten Klingsors – und hier, oben darüber, ist die Burg des Heiligen Grals.“ Dem ist wohl nichts hinzuzufügen, jetzt muss man erst einmal Atem holen.

Genau das kann man in der klassizistischen Gartenanlage, die das Schloss umgibt. Die ehemals karge Landschaft des Felsplateaus hat sich zu einem prachtvollen Park gemausert, der dem Palácio da Pena in nichts nachsteht. Neben einheimischen Pflanzen gedeihen hier vor allem exotische Gewächse, vom Baumfarn bis zum Mammutbaum, den zauberhaften Farngarten hat Königin Maria höchstpersönlich angelegt. Als ihr und Ferdinands Erbe steht die gesamte Luxusanlage des Palácio da Pena heute im Staatseigentum. Nachdem Portugal 1910 zur Republik wurde, öffnete der Palácio da Pena seine Pforten, um Besucher hereinzulassen.

Es lohnt sich, auch die anderen Märchenschlösser von Sintra zu besuchen, zum Beispiel den Palácio de Monserrate, der etwas außerhalb der Stadt liegt. Ebenfalls von einem üppigen Park umgeben, erinnert er an einen prunkvollen indischen Palast. Im Convento dos Capuchos, einem verlassenen Kloster aus dem 16. Jahrhundert, kann man die bescheidenen Zellen der Nonnen bestaunen und danach wiederum durch eine betörende Gartenanlage flanieren.

Weil es mir nun endgültig vor den Augen schwirrt, besteige ich die Eléctrico de Sintra. Die Fahrt mit dieser Überland-Straßenbahn ist womöglich der passendste Abgang aus der Märchenstadt, den man sich vorstellen kann. Denn man sitzt auf Holzbänken in historischen Wagen, manche davon sind mehr als 100 Jahre alt. Ratternd und rappelnd geht es abwärts, und während ich kräftig durchgerüttelt werde, beginne ich mich zu fragen, ob wirklich real war, was ich oben in den Bergen von Sintra gesehen habe, oder ob ich einem seltsamen Trugbild auf den Leim gegangen bin. Die Fahrt endet nach 40 lauten und holprigen Minuten im malerischen Badeort Praia das Maçãs mit seinen schönen Sandbuchten. Südlich davon kann man das Cabo da Roca mit dem Leuchtturm erahnen, der den westlichsten Punkt des europäischen Festlands markiert.

Während ich die zum Strand führenden Stufen hinuntersteige, aalen sich ein paar Sonnenanbeter auf ihren Strandmatten, toben ein paar Kinder ausgelassen im Sand, werfen sich ein paar Surfer mit ihren Brettern den Wellen entgegen. Es scheint, dass ich tatsächlich wieder in der diesseitigen Welt angekommen bin.

## Queijadas de Sintra – Käseküchlein aus Sintra

### Zutaten:

300 g Mehl
500 g Frischkäse
250 g Zucker
4 Eigelbe
20 g Butter (zimmerwarm)
gemahlener Zimt
Salz
Butter zum Einfetten

### Zubereitung:

250 g Mehl mit 125 ml lauwarmem Wasser vermischen, die Butter und eine gute Prise Salz zugeben und alles mit den Händen kräftig durchkneten, bis ein geschmeidiger, nicht mehr klebender Teig entstanden ist. Den Teig zur Kugel rollen, fest in Frischhaltefolie einwickeln und für 1 Stunde in den Kühlschrank legen.

Den Frischkäse in ein sauberes Geschirrtuch geben, das Tuch ringsum zu einem Bündel verschließen und für 30 Minuten über der Spüle aufhängen, damit die Flüssigkeit abtropft. Anschließend mit dem Zucker in eine Schüssel geben und mit dem Mixer kräftig aufschlagen. Die Eigelbe, das restliche Mehl sowie eine Prise Zimt hinzugeben und gut untermischen.

Die Teigkugel nach Ablauf der Zeit in 12 Teile teilen, 12 Muffinformen mit Butter einfetten und den Teig darin verteilen.

Gut andrücken, an den Seiten hochziehen und gerade eben über den Rand legen. Nun die Käsemasse in den Förmchen bis knapp unter den Rand verteilen.

Den Backofen auf 200°C vorheizen und die Queijadas 15 Minuten auf mittlerer, dann weitere 10 Minuten auf oberster Schiene backen, bis ihre Oberseite goldbraun ist.

## Bife à Marrare – Steak auf Lissaboner Art

### Zutaten für 4 Personen:

4 Rinderhüftsteaks
800 g mehlig kochende Kartoffeln
4 Knoblauchzehen
300 g Crème fraîche
Saft von 1 Zitrone
80 g Butter
1 l Speiseöl
Salz
Pfeffer

### Zubereitung:

Die Kartoffeln schälen und in fingerdicke Stifte schneiden. Das Speiseöl in einem Topf oder in einer Fritteuse erhitzen und die Kartoffeln portionsweise 4 Minuten darin frittieren, herausnehmen, auf Küchenkrepp abtropfen und abkühlen lassen.

Den Backofen auf 160°C vorheizen, ein Stück Alufolie hineinlegen. Die Knoblauchzehen häuten, die Steaks salzen und pfeffern. 20 g Butter in einer Pfanne erhitzen, die Knoblauchzehen hineingeben und die Steaks von einer Seite 1½, von der anderen 1 Minute scharf anbraten, anschließend 10 Minuten auf die Alufolie im Backofen legen.

Die Kartoffeln im heißen Öl portionsweise goldbraun fertig frittieren, auf Küchenkrepp entfetten, danach salzen. Fertige Portionen im Backofen warmhalten.

Die Knoblauchzehen aus der Pfanne nehmen, mittlere Hitze einstellen und löffelweise unter ständigem Rühren die restliche Butter, die Crème fraîche und den Zitronensaft hinzugeben, dabei salzen und pfeffern. Zum Schluss die Steaks hineinlegen und mit der Sauce begießen. In der Sauce schwimmend mit den frittierten Kartoffeln servieren.

# Aufbruch der Entdecker – das Ringen um den Weg nach Indien

Warum sich der König für Vasco da Gama entschied, bleibt ein Geheimnis. Denn bis zu diesem Zeitpunkt ist über da Gamas Werdegang so gut wie nichts bekannt. Manche Historiker meinen, dass er keinerlei nautische Erfahrungen besaß und sich ansonsten auch bloß auf seine aristokratische Abstammung berufen konnte. Sein Vater gehörte einem portugiesischen Adelsgeschlecht an, als Gouverneur und Mitglied des christlichen Ritterordens von Santiago verfügte er über hohes Ansehen und beachtlichen Einfluss.

1480 trat Vasco da Gama, damals ungefähr 20 Jahre alt, diesem bedeutenden Orden ebenfalls bei. Genau wie sein früher Werdegang ist auch sein exaktes Geburtsdatum nicht überliefert. Die Mitgliedschaft im Ritterorden stellte eine wichtige Voraussetzung für seine spätere Karriere dar. Doch reichte das alleine, um ihn für eine der wichtigsten Entdeckungsfahrten in der Geschichte Portugals zu qualifizieren? Schließlich verursachte die Expedition ins Ungewisse Kosten von enormer Höhe. Hätten die Amerikaner einen Astronauten zum Kommandanten der ersten Mondfahrt erkoren, der über keinerlei spezifische Kenntnisse verfügte? Wohl kaum.

Da Gama war auch keineswegs der Einzige, der für diesen Job prädestiniert gewesen wäre. Ganz im Gegenteil drängte sich die Wahl eines anderen geradezu auf: Bartolomeu Diaz hatte es ein Jahrzehnt zuvor als erster Europäer geschafft, das Kap der Guten Hoffnung zu umrunden. Allerdings trieben unglückliche Winde und heftige Stürme sein Schiff viel zu weit nach Süden ab. Als es endlich wieder nordwärts ging und Diaz erkannte, dass Afrika umrundet und der Seeweg nach Indien somit offen war, da scheiterte die Weiterfahrt am Protest der erschöpften und an Skorbut erkrankten Mannschaft, die kurz vor der Meuterei stand. Im Dezember 1488 kehrte Diaz nach Lissabon zurück, wo König Johann II. herrschte. Dieser verordnete allerstrengste Geheimhaltung über Diaz' Erkenntnisse.

Denn es ging um nichts Geringeres als um die größte kaufmännische Herausforderung der damaligen Zeit. Die Entdeckung des Seewegs nach Indien und die damit verbundene Ausbootung der muslimischen und venezianischen Zwischenhändler war auf der Iberischen Halbinsel zur fixen Idee geworden. Keine Mündungsöffnung an der Westseite Afrikas ließen die Forschungsreisenden aus, sie drangen über die Flussläufe ins Landesinnere vor, bis es beim besten Willen nicht mehr weiterging. Irgendwo – so ihre verzweifelte Hoffnung – musste ein solcher Fluss doch durch Afrika hindurchführen und auf der anderen Seite die Weiterfahrt nach Indien freigeben. Doch vergebens.

Ärgerlich war es, dass Johann II. keine Übereinkunft mit dem Genuesen Christoph Kolumbus erzielen konnte. Dieser erschien dem portugiesischen König allzu nassforsch. Leider gelang es dem Italiener aber kurz darauf, die Spanier zu überzeugen, und so machte er sich 1492 auf den Weg, um das Pferd kurzerhand von hinten aufzuzäumen: Er fuhr nicht nach Süden wie alle anderen, sondern tolldreist in westlicher Richtung über den Atlantik, von dem niemand wusste, ob er überhaupt jemals enden würde. Im März 1493 legte Kolumbus auf der Rückreise von seiner Expedition einen Zwischenstopp in

Lissabon ein und verkündete lauthals, er sei bis zu einer Insel vor der chinesischen Küste gelangt. Dass er Amerika entdeckt hatte, wusste Kolumbus nicht.

Nun spitzte sich die Situation zu. Wer würde im Rennen um den Seeweg nach Indien die Nase vorn haben und sich damit die Handelsmonopole sichern können? König Johann, der Portugal mit fester Hand regierte, gelang 1494 nach zähen Verhandlungen eine Einigung mit Spanien über die künftige Aufteilung der Welt zwischen den beiden selbstbewussten Mächten. Mithilfe des Papstes schlossen sie den Vertrag von Tordesillas.

Hierbei wurde eine Trennlinie in nord-südlicher Richtung quer durch den Atlantik gezogen, alle Gebiete östlich dieser Linie sollten Portugal zufallen, alle westlichen Regionen hingegen Spanien. Im Osten lagen Afrika und Asien, da wusste man also, was zu erwarten war. Zusammen mit dem geheimen Wissen, das Diaz über das Kap der Guten Hoffnung gesammelt hatte, erschien dem portugiesischen König diese Seite der Welt deshalb deutlich lukrativer als der dubiose Westen, von dem niemand wusste, ob er überhaupt erwähnenswerte Kolonien bieten konnte. Trotzdem bestand Portugals König darauf, die Trennlinie im Süden des Atlantiks weiter nach Westen zu verschieben. Hierher holten die portugiesischen Schiffe im weiten Bogen aus, um auf günstige Winde zu treffen, mit denen sie zur Südspitze Afrikas weitersegeln konnten. Und möglicherweise hatten portugiesische Seefahrer bei diesen Touren längst die Küste Brasiliens erreicht, aber strengstes Stillschweigen darüber bewahrt. Nur der König und sein elitärer Zirkel wussten über ihre Erkenntnisse Bescheid, und vielleicht beharrte König Johann deshalb auf einer Westverschiebung der Demarkationslinie. Womöglich wollte er sich damit die zukünftige Annexion des unbekannten Landes im Südwesten sichern.

Nachdem die territorialen Rechte zwischen den beiden expansionsfreudigen Ländern nun geklärt waren, hätte Johann eigentlich die Entdeckung des Seewegs nach Indien durch die Umrundung von Afrika zügig vorantreiben müssen. Denn die Konkurrenz schlief ja nicht, Kolumbus war schon längst wieder unterwegs, um im Westen nach einer Indienpassage zu suchen. Doch es scheint, dass Johann II. in dieser Zeit von ganz anderen Sorgen geplagt wurde. Sein einziger Sohn und Thronfolger starb unter mysteriösen Umständen bei einem Reitunfall, und mit der Königin gab es infolgedessen einen heftigen Ehezwist. Als Johann 1495 starb, trat sein Schwager als nächster lebender Verwandter die Nachfolge an, König Manuel I.

Manuel machte unverzüglich dort weiter, wo Diaz Jahre zuvor aufgeben musste. Binnen drei Jahren stattete er eine kleine, aber feine Expeditionsflotte aus, mit vier Schiffen und den besten Seeleuten und Navigatoren Portugals. Doch zum Chef des Unterfangens erklärte er keineswegs den erfahrenen 48-jährigen Bartolomeu Diaz, was doch eigentlich auf der Hand gelegen hätte. Manuels Wahl fiel stattdessen auf Vasco da Gama, und hierfür muss es einen Grund gegeben haben. Vermutlich ist da Gama doch nicht so ein nautisches Greenhorn gewesen, außerdem heißt es, dass Manuel und der gleichaltrige da Gama sich ausgesprochen gut verstanden und fast schon freundschaftlich miteinander umgingen. Jedenfalls genoss da Gama das unbedingte Vertrauen des Königs. Die königliche Entscheidung zuungunsten seiner selbst scheint Diaz keineswegs gekränkt zu haben, denn er teilte bereitwillig sein Wissen mit da Gama und begleitete dessen Flotte bis zu den Kapverdischen Inseln.

Am 8. Juli 1497 stach da Gama mit seiner Crew von schätzungsweise 150 bis 170 Männern in Lissabon in See, er selbst mit seinem Flaggschiff, der Nau São Gabriel, dazu ein Begleitschiff unter dem Kommando seines Bruders Paolo, ein weiteres mit Nicolao Coelho als Kapitän sowie noch ein Versorgungsschiff mit Proviant für drei Jahre. Dieser bestand im Wesentlichen aus haltbaren Lebensmitteln wie Zwieback, Öl, Wein und Stockfisch, ein Grund, weshalb viele Seefahrer unterwegs aufgrund von Vitamin-C-Mangel an Skorbut erkranken sollten.

Sie folgten zunächst der Küste in Richtung Süden, holten dann im weiten Westbogen über den Atlantik aus und ließen sich schließlich zum Kap der Guten Hoffnung treiben, das sie nach mehreren Anläufen im November umfahren konnten. Sie folgten der ostafrikanischen Küste nun weiter in Richtung Norden, bis sie im April Mombasa erreichten, heute die zweitgrößte Stadt Kenias.

Dort erwarteten sie jedoch ziemliche Schwierigkeiten. Sie trafen auf arabische Händler, die ihre Pläne durchschauten und sie an der Weiterfahrt zu hindern suchten. Da Gamas Flotte gelang es, bei Nacht und Nebel zu entkommen. Sie erreichten Malindi, ebenfalls eine Hafenstadt im heutigen Kenia. Malindi stand zur damaligen Zeit im harten Konkurrenzkampf mit Mombasa, deshalb stellte der Sultan von Malindi da Gama nur zu gerne einen erfahrenen Navigator für die Weiterfahrt zur Verfügung. Konnte er doch durch seine Unterstützung der Portugiesen den verhassten Kontrahenten in Mombasa eins auswischen!

Dank des Navigators erreichte da Gamas Flotte binnen eines Monats die südindische Hafenstadt Calicut, das heutige Kozhikode. Diese Stadt stellte schon seit dem 14. Jahrhundert einen wichtigen Schnittpunkt zwischen Arabien und China dar, sie war die prächtige Hauptstadt eines Königreichs und ein bedeutendes Handelszentrum an der Malabarküste. Wie mögen den Portugiesen beim Anblick all der exotischen Schätze die Augen übergegangen sein!

Der Herrscher von Calicut teilte ihre Begeisterung indes nicht. Die Geschäfte mit den Arabern liefen gut, er sah keinerlei Veranlassung, sich den Neuankömmlingen zuzuwenden und selbst zur Schachfigur in einem möglichen Handelskrieg zu werden. Trotzdem willigte er schließlich ein, den Portugiesen eine Schiffsladung Gewürze zu überlassen.

Da Gama mag sich die Hände gerieben haben. Die Gewürze waren von schier unermesslichem Wert, doch er hatte sie für kleines Geld kaufen können. Wie würden seine Landsleute daheim in Portugal staunen! Umgehend trat die kleine Flotte den Rückweg an, zumal die Situation in Calicut sich aufgrund der Proteste arabischer Händler langsam zuzuspitzen begann.

Doch der Monsun erschwerte die Rückreise nach Malindi. Die Schiffe brauchten viel mehr Zeit als geplant. Schlechte Versorgung, mangelnde Hygiene und ungünstiges Klima machten zudem der Mannschaft zu schaffen. Viele Seeleute erkrankten, manch einer ließ sein Leben. Insgesamt sollten nur 25 Männer die strapaziöse Reise überleben.

Als erster erreichte Nicolao Coelho Lissabon rund ein Jahr später, im Juli 1499. Vasco da Gama und sein Bruder kämpften zu diesem Zeitpunkt noch um den Erfolg ihrer Exkursion. Paolos Schiff war unterwegs auf Grund gelaufen und gekentert. Zwar überlebte Paolo die Havarie und ging an Bord des brüderlichen Schiffs, allerdings erkrankte er schwer. Vasco da Gama ließ die Azoren ansteuern und brachte seinen Bruder dort an Land, doch vergebens. Einen Tag nach der Ankunft auf den Azoren starb Paolo.

Am 9. September 1499 traf auch Vasco da Gama schließlich wieder in Lissabon ein, wo ihn ein triumphaler Empfang erwartete. Und nicht nur das: In der Folgezeit überhäufte der König ihn mit Ämtern und Ehrentiteln.

Schon im März des darauffolgenden Jahres startete die zweite portugiesische Indienexpedition. Doch nicht da Gama erhielt das Kommando. Er sollte erst zwei Jahre später wieder nach Indien aufbrechen, dieses Mal mit einer schwer bewaffneten Flotte, um damit allen arabischen Händlern, die sich ihm in den Weg stellen würden, den Garaus machen zu können. Es kam tatsächlich zu schweren Kämpfen, in denen sich da Gamas Streitmacht behauptete. Damit etablierte sich Portugal als Handelsmacht an der indischen Malabarküste, 1503 entstand mit Fort Manuel die erste portugiesische Festung auf indischem Boden.

Doch schon zuvor zog die zweite Indienexkursion gravierende Folgen nach sich, auch wenn da Gama nicht als ihr Kommandant fungierte. Der Chef dieses Unternehmens hieß Pedro Álvares Cabral, er war ein Altersgenosse da Gamas und wie dieser Abkömmling eines portugiesischen Adelsgeschlechts. König Manuel entsandte ihn, um auf diplomatischem Weg mit den Indern zu verhandeln und ein Handelsabkommen in Frieden und Freundschaft zu treffen. Doch im fernen Calicut hatten die arabischen Händler längst begriffen, dass es hier um nicht weniger als die Gefährdung ihres Handelsmonopols ging. Die Mission Cabrals scheiterte nach heftigen und verlustreichen Kämpfen. Erst in der südlich von Calicut gelegenen Hafenstadt Cochin erzielte er Handelserfolge.

Doch seine Expeditionsfahrt sollte noch weitaus bedeutsamere Auswirkungen haben. Auf der Hinfahrt hatte er – wie üblich – seine Schiffe auf Höhe der Kapverdischen Inseln einen weiten Bogen nach Westen über den Atlantik einschlagen lassen. Dabei geriet die Flotte in den Äquatorialstrom und wurde viel weiter westwärts getrieben, als ursprünglich geplant. Und plötzlich wirbelte der Matrose im Ausguck wild mit den Armen, aufgeregt schrie er: „Laaaand in Sicht!!“

Am 22. April 1500 betrat Cabral das unbekannte Land im Südwesten und nahm es für die portugiesische Krone in Besitz. Er taufte es auf den Namen Ilha da Vera Cruz – Insel des wahren Kreuzes. Denn zunächst ging er davon aus, auf einer Insel gelandet zu sein. Umgehend schickte er eines der Schiffe seiner Flotte zurück nach Lissabon, um die Landnahme dort zu vermelden. Es brachte völlig fremdartige Wesen mit in die Heimat: kunterbunte, schrill krächzende Papageien. Tatsächlich war Cabral auf keiner Insel gelandet, sondern in der Bucht von Porto Seguro. Er hatte Brasilien entdeckt!

Doch gebührt diese Ehre tatsächlich ihm? Wussten vielmehr portugiesische Seefahrer nicht längst insgeheim von dem Land im Südwesten des Atlantiks? Hatte nicht gerade deshalb König Johann auf einer Verschiebung der Demarkationslinie bestanden? Und war es keineswegs glückliche Fügung, sondern vielmehr Auftrag und Absicht Cabrals gewesen, diesem Land auf dem Weg nach Indien einen Besuch abzustatten?

Tatsächlich beanspruchten die Spanier die Entdeckung Brasiliens schon drei Monate früher für sich. Doch das nutzte ihnen nicht viel. Denn schließlich hatten sie ja den Vertrag von Tordesillas unterzeichnet. Brasilien fiel an Portugal. Purer Zufall oder ein Trick des ausgebufften König Johann? Eine Frage, deren Antwort wohl im Dunkel der Geschichte verborgen bleibt.

# Pastéis de bacalhau – Stockfischfrikadellen

## Zutaten für 4 Personen:

250 g Bacalhau
400 g mehlig kochende Kartoffeln
2 Eier
2 Knoblauchzehen
1 kl. Bd. Blattpetersilie
Speiseöl zum Frittieren
Pfeffer
Salz

## Zubereitung:

Den Stockfisch in eine Schüssel legen und ganz mit Wasser bedecken. Mindestens 24 Stunden im Kühlschrank wässern, dabei viermal das Wasser wechseln.

Die Kartoffeln schälen, vierteln und in einem Topf mit gesalzenem Wasser aufkochen. Den gewässerten Stockfisch hinzugeben und alles 25 Minuten bei mittlerer Hitze köcheln lassen.

Die Knoblauchzehen häuten und fein hacken. Die Petersilienblättchen abzupfen und ebenfalls fein hacken. Den Stockfisch aus dem Topf nehmen, die Kartoffeln gut abgießen. Den Stockfisch häuten und die Gräten sorgsam entfernen. Nun Kartoffeln und Stockfisch zusammen durch den Fleischwolf drehen. Die entstandene Masse in eine Schüssel geben, pfeffern, salzen, Knoblauch, Petersilie und die Eier hinzugeben und alles gut vermischen.

In einer Pfanne oder in der Fritteuse reichlich Speiseöl erhitzen. Aus der Kartoffel-Stockfisch-Masse kleine, längliche Frikadellen formen und diese ringsum im heißen Öl frittieren, bis sie außen goldbraun und knusprig sind.

Als Vorspeise zu den Petiscos oder als Hauptgericht mit Reis und Salat servieren.

## Bacalhau à brás – Stockfisch-Kartoffel-Pfanne

### Zutaten für 4 Personen:

300 g Bacalhau
600 g Kartoffeln
2 Zwiebeln
4 Eier
150 g schwarze Oliven
2 El gehackte Petersilie
Olivenöl
Pfeffer, Salz

### Zubereitung:

Den Stockfisch wie im Rezept zuvor wässern, häuten und entgräten, dann auseinanderzupfen, bis er grobfasrig zerkleinert ist. Die Kartoffeln schälen und in sehr feine Stifte schneiden. Olivenöl erhitzen und die Kartoffeln darin anbraten, dann Zwiebeln und Stockfisch zugeben, pfeffern, salzen und 20 Minuten unter Rühren rösten. Die Eier mit der Petersilie verquirlen, die Pfanne vom Herd nehmen und die Eier unterziehen, zum Schluss die Oliven oben auflegen und servieren.

## Land der Leidenschaft – erster Teil: Maria

Dies ist eine Geschichte aus dem Land der Leidenschaft. Es heißt nämlich, dass die rund 100 Kilometer nördlich von Lissabon gelegene Region von Alcobaça diesen Namen – portugiesisch „Terra da Paixão“ – aufgrund der leidenschaftlichen Marienverehrung trägt, die ihre Bewohner an den Tag legen.

Im Zentrum dieses Kults liegt das ehemalige Zisterzienserkloster der Heiligen Maria von Alcobaça, dessen Ursprünge eng mit der Gründung des Königreichs Portugal im 12. Jahrhundert zusammenhängen. Denn Afonso Henriques, der erste König von Portugal, hatte einst gelobt, der Gottesmutter ein Kloster zu stiften, so er denn die Mauren besiegen und aus ihrer wehrhaften Festung in Santarém vertreiben könne. Dies gelang ihm am 15. März 1147, und als ein Mann, der zu seinem Wort stand, spendierte er den Zisterziensern einen Teil des soeben eroberten Gebietes, rund 20 Kilometer nordwestlich von Santarém gelegen. Die frommen Männer gründeten dort das Marienkloster von Alcobaça, und was recht bescheiden anfing, mauserte sich im Lauf der Jahrhunderte zu einer der größten Klosteranlagen des Landes. Heute ist die Abtei von Alcobaça Weltkulturerbe der UNESCO und mit 250.000 Besuchern jährlich eine der beliebtesten Sehenswürdigkeiten Portugals.

Dieser mächtige und imposante Ort der Marienverehrung strahlte natürlich wie eine kraftvolle Sonne in seine Umgebung aus und weckte auch dort den Wunsch, der Madonna gebührend zu huldigen. Zu den großartigsten Trabanten Alcobaças gehört das dominikanische Marienkloster von Batalha, das seine Gründung ebenfalls einem Kriegsschwur zu verdanken hat. Dieses Mal war es Dom João I., der zehnte König Portugals. Im Jahr 1385 bat er die Muttergottes um Beistand in einer Schlacht gegen Kastilien. Nach errungenem Sieg hielt auch João sein Versprechen, er schenkte dem Bettelorden der Dominikaner nicht nur das Land, sondern sicherte auch die Finanzierung des Prachtbaus durch das Königshaus. Die Errichtung der gesamten Anlage beanspruchte mehr als 150 Jahre.

Ein weiterer Hort der Marienverehrung in der Region ist das Santuário de Nossa Senhora da Nazaré im Hafenstädtchen Nazaré. Der Legende nach soll die Gottesmutter hier einst Dom Fuas Roupinho, einem Ritter und Weggefährten des ersten portugiesischen Königs, das Leben gerettet haben.

Bei der Jagd auf einen Hirsch galoppierte der Recke im Nebel auf den Steilhang von Sítio zu, wo die Klippen mehr als 100 Meter tief zum Meer hin abbrechen. In allerletzter Sekunde erschien ihm Maria, während sein Pferd schon zum Sprung ansetzte und der Hirsch von den Klippen stürzte. Dom Fuas sprang aus dem Sattel und rettete so sein Leben.

Daraufhin entdeckte er in den Felsen über dem Strand von Nazaré eine uralte geschnitzte Statue, welche Maria zeigt, die das Jesuskind stillt. Dabei soll es sich angeblich um eine lebensgetreue Darstellung aus dem zeitgenössischen Nazareth handeln. Es heißt sogar, Josef persönlich habe sie geschnitzt, und ihre Bemalung stamme vom Evangelisten Lukas. Auf verschlungenen Wegen soll die einzigartige Skulptur in frühchristlicher Zeit über Nordafrika nach Spanien gelangt sein, wo sie durch Wundertätigkeit auf sich aufmerksam machte.

Als die Mauren 711 in Spanien einfielen, rettete der westgotische König Rodrigo gemeinsam mit dem jungen Mönch Roman diese Marienstatue. Die Männer flohen mit ihr in die Gegend von Nazaré, so weiß es zumindest die Legende. Dort ließen sich die beiden auf unterschiedlichen Felsplateaus nieder und fristeten ihr Dasein fortan als Einsiedler. Nur über Rauchzeichen sollen sie sich weiterhin miteinander verständigt haben.

Die kostbare Statue versteckten sie vor den Mauren, als diese schließlich in die Region von Nazaré vordrangen. Sie blieb fast 500 Jahre verborgen, bis Dom Fuas sie Ende des 12. Jahrhunderts wiederentdeckte. Zu Ehren des Kleinods erbaute er eine kleine Kapelle, aus der später die Kirche Nossa Senhora da Nazaré hervorging.

Ihre Wundertätigkeit soll die Statue umgehend wieder aufgenommen haben. Die Verehrung der Nossa Senhora da Nazaré reichte deshalb weit über die Grenzen der Stadt Nazaré hinaus und entwickelte sich bis zum Beginn des 20. Jahrhunderts zum Marienkult mit den weltweit meisten Anhängern. Noch heute ist er in Teilen Brasiliens verbreitet. Zudem gehört die nur 30 Zentimeter hohe Marienstatue von Nazaré tatsächlich zu den ältesten Madonnendarstellungen der Geschichte.

Warum ausgerechnet der Verehrung Marias im Christentum solch eine hohe Bedeutung zufiel, ist nicht abschließend geklärt. Wissenschaftler vermuten aber, dass die zunehmende Vergeistigung Christi durch die Betonung seiner Stellung als Gottessohn um das 7. Jahrhundert herum dazu führte, dass sich immer mehr Gläubige der Maria zuwandten. Die Gestalt des Jesus Christus erschien ihnen sehr abstrakt, Maria hingegen in ihrer menschlich so nachvollziehbaren Mutterrolle strahlte genau die Art von Wärme und Geborgenheit aus, nach der die Menschen sich sehnten. In Portugal bekam der

Marienkult zur Zeit der Reconquista besonderen Auftrieb, als immer mehr Christen die Muttergottes um Hilfe im Kampf gegen die Mauren ersuchten.

Die wirkmächtigsten Folgen sollte die inbrünstige Marienverehrung im 30 Kilometer östlich von Alcobaça liegenden Fátima nach sich ziehen. Auch Nichtkatholiken ist dieser Ort wohlbekannt, und für Katholiken ist er von geradezu überwältigender Bedeutung, auch wenn er seinen Namen einer maurischen Prinzessin verdankt. Immerhin konvertierte die Dame zum Christentum, nachdem sie sich in einen portugiesischen Grafen verliebt hatte. Und obwohl sie als verzaubertes Fabelwesen in portugiesischen Märchen weiterlebt, begründet sich der Ruhm des Städtchens Fátima keineswegs auf ihrer Person.

Es geschah im Mai des Jahres 1917. Drei Hirtenkinder hüteten in den kargen Hügeln ihre Schafe, der fast neunjährige Francisco, seine siebenjährige Schwester Jacinta und beider Cousine Lúcia, die schon zehn Jahre zählte. Es mochte wohl ein bisschen langweilig geworden sein, und vielleicht hatten sie sich auch gestritten, doch die Zeit, endlich heimgehen zu können, war noch nicht gekommen.

Da erschien den Dreien völlig unvermittelt auf einsamer Flur die Jungfrau Maria in weißem Gewand und forderte sie dazu auf, den Rosenkranz für den Weltfrieden zu beten. Die Gottesmutter bat sich außerdem striktes Stillschweigen aus und versprach, im Gegenzug bis zum Oktober pünktlich am 13. jeden Monats an gleicher Stelle zu erscheinen.

Jacinta, die Jüngste, konnte freilich ihr Plappermäulchen nicht im Zaum halten und erzählte ihrer Mutter von der Erscheinung. So kam es, dass bereits am nächsten avisierten Termin, dem 13. Juni, ein paar Neugierige antraten, um ebenfalls einen Blick auf die Muttergottes zu erhaschen.

Maria ließ sich von Jacintas Vertrauensbruch aber nicht abhalten und sagte ihre Auftritte keinesfalls ab. Im Gegenteil, als sich immer mehr Schaulustige zum angekündigten Termin versammelten, versprach sie ihnen für ihr finales Erscheinen am 13. Oktober das Spektakel eines wahrhaftigen Wunders.

Bereits am 13. Juli verriet sie den Kindern die „drei Geheimnisse von Fátima", welche Voraussagen für die Zukunft enthielten. Diese Geheimnisse sollten die Kinder aber nun wirklich unbedingt für sich behalten. Dieses Mal erfüllten sie Marias Bitte, erst zehn Jahre später verkündete Lúcia, die himmlische Erlaubnis zur Veröffentlichung der beiden ersten Geheimnisse erhalten zu haben. Sie war inzwischen Nonne geworden, und ihr Seelsorger hielt nichts von einer Offenlegung der vertraulichen Botschaft Marias. So kam es, dass Lúcias erste Niederschrift im Herdfeuer des Klosters vernichtet wurde.

Erst in den Vierzigerjahren schrieb Lúcia die Geheimnisse erneut auf, dieses Mal alle drei. Zunächst erlaubte die Kirche jedoch nur die Veröffentlichung der ersten beiden Prophezeiungen der Gottesmutter. Ihr drittes Geheimnis gab der Vatikan erst im Jahr 2000 preis.

Der Text der Prophezeiungen ist erwartungsgemäß blumig und wenig konkret, allerdings auch finster und ausgesprochen schwarzmalerisch. Im ersten Geheimnis ist zunächst von Teufeln, Feuer, Schmerzen und Verzweiflung die Rede. Im zweiten Geheimnis geht es um zwei schreckliche Kriege, die Gottes Strafe dafür sind, dass die Menschen ihn ständig beleidigen. Eine Schlüsselrolle spielt dabei das damals kommunistische Russland, zumindest so lange, bis es sich endlich bekehren lassen würde. Das dritte Geheimnis beschreibt eine fürchterliche Apokalypse, die mit einem Massensterben endet.

Wie auch immer man diese Geheimnisse lesen und interpretieren möchte, sie lassen auf jeden Fall viel Raum für düstere Spekulationen aller Art. Man hat die ersten beiden Geheimnisse mit den zwei Weltkriegen des letzten Jahrhunderts in Zusammenhang gebracht, was ihre Bedeutung als Voraussage insofern schmälert, als sie erst 1941 veröffentlicht wurden.

Dass im Weltuntergangszenario des dritten Geheimnisses der Maria ein weiß gekleideter Bischof erschossen wird, interpretieren manche als Voraussage des Attentats auf Papst Johannes Paul II., das am 13. Mai 1981 verübt wurde, auf den Tag genau 64 Jahre nach der ersten Marienerscheinung in Fátima. Andere verstehen die Aussage dieses Geheimnisses allerdings als weitaus dramatischer, sie sehen darin die Prophezeiung eines dritten Weltkriegs oder gar einer atomaren Katastrophe.

Erbaulicher als die drei Geheimnisse zeigte sich das Wunder, das wie versprochen am 13. Oktober stattfand. Mindestens 30.000 Menschen versammelten sich an jenem Tag in Fátima, und einhellig sprachen sie später davon, dass nach einem heftigen Regenguss die Sonne als rotierende Scheibe aus den Wolken hervorgebrochen sei. Sie habe deutlich weniger grell als gewöhnlich gestrahlt, sodass man problemlos hineinschauen konnte. Dabei warf sie irisierenden Farbschein auf Landschaft, Menschen und Wolken, sandte zudem bunte Lichtblitze aus und bewegte sich schließlich im Zickzackkurs auf die Erde zu, worüber die Anwesenden maßlos erschraken. Meinten sie doch, schon im nächsten Moment von der rasenden Sonne erschlagen zu werden! Doch nichts dergleichen geschah, stattdessen trockneten die durchnässten Kleider der Schaulustigen von einem Augenblick auf den anderen.

Die Meinungen über das Sonnenwunder von Fátima sind vielfältig. Der Vatikan erkannte das Geschehnis 13 Jahre später als echtes Wunder an. Manche evangelischen Theologen neigen allerdings dazu, es als Zeichen des Satans zu betrachten. Wissenschaftler hingegen denken über Staubpartikel in der Stratosphäre nach, die zu einer Lichtverzerrung geführt haben könnten. Alternativ stellen sie eine kollektive optische Täuschung aufgrund zu langen Starrens in die Sonne zur Diskussion oder aber eine Art Massenhysterie, ausgelöst durch die extrem hochgespannten Erwartungen, die alle Anwesenden in einen ekstatischen Zustand versetzt haben könnten. Und natürlich gibt es auch Kommentatoren, die eine UFO-Sichtung für das Ereignis bemühen. Wenn sie die Schilderung der Lichtphänomene lesen, haben alle Science-Fiction-Fans wohl ohnehin gleich die Außerirdischen im Sinn. Womit der Kreis der Spekulationen sich schließt, denn Maria ist ja auch nicht von dieser Welt.

Was auch immer man von den Visionen in Fátima halten will, feststeht, dass sich das Städtchen seit damals zu einem der bedeutendsten Wallfahrtsorte der katholischen Kirche entwickelt hat. Millionen Gläubige pilgern jedes Jahr nach Fátima, viele von ihnen rutschen auf Knien bis zur Igreja da Santíssima Trinidade, der 2007 eingeweihten Basilika zur Heiligsten Dreifaltigkeit. Mit 9.000 Sitzplätzen ist sie die viertgrößte katholische Kirche der Welt. Angesichts der sinisteren Prophezeiungen tun die Gläubigen in Fátima Buße und bitten um Vergebung ihrer Sünden, die Hoffnung auf Heilung von Krankheiten und Gebrechen steht erst an zweiter Stelle.

Regelmäßig kommen auch Päpste vorbei. Genau 100 Jahre nach der ersten Marienerscheinung, am 13. Mai 2017, sprach Papst Franziskus die Hirtenkinder Jacinta und Francisco in Fátima heilig. Ihre Cousine Lúcia, die dritte Zeugin der wundersamen Ereignisse und Chronistin der drei Geheimnisse, muss sich noch ein bisschen gedulden. Denn im Gegensatz zu den beiden anderen, die bereits 1919 respektive 1920 an den Folgen der Spanischen Grippe starben, führte sie ein langes

Leben als Nonne und verschied erst 2005. Ihr Seligsprechungsverfahren läuft.

Hört man von diesen Begebenheiten, so wird verständlich, warum die Region von Alcobaça als Land der Leidenschaft bezeichnet wird. Aber es gibt hier auch noch eine ganz andere Geschichte. Sie handelt von großer Liebe und hingebungsvoller Passion. Manch einer raunt hinter vorgehaltener Hand, dass in Wirklichkeit sie der eigentliche Grund dafür sei, dass die Einheimischen von der „Terra da Paixão“ sprechen. Doch bevor wir uns dieser anderen Geschichte zuwenden, machen wir inmitten der Leidenschaften eine kurze Pause und erholen uns bei einem kleinen Rezept.

## Bolo Rei – Königskuchen

### Zutaten:

1 kg Mehl
100 g Zucker
200 g Butter (zimmerwarm)
250 ml Milch
5 Eier
1 Eigelb
50 g Hefe
100 g Sultaninen
50 g Orangeat
50 g Zitronat
100 g gehackte Pinienkerne
100 g gehackte Walnüsse
100 g kandierte Kirschen
50 g gemischte kandierte Früchte nach Geschmack
Puderzucker
1 Tl Salz

### Zubereitung:

Die Milch lauwarm erhitzen und die Hefe darin auflösen. Mehl, Eier, Zucker, Butter, Salz und die Hefe-Milch in eine Schüssel geben und alles gut miteinander verkneten. Mit einem Geschirrtuch abdecken und 30 Minuten an einem warmen Ort gehen lassen. Danach Pinienkerne, Walnüsse, Sultaninen, Orangeat sowie Zitronat hinzugeben und alles noch einmal durchkneten, abdecken und erneut 30 Minuten gehen lassen.

Anschließend noch einmal durchkneten, eine dicke Rolle daraus formen und zu einem runden Kranz zusammenlegen. Ein Backblech mit Backpapier auslegen, den Kranz darauflegen, auf der Oberseite mit dem Eigelb einpinseln, dann kandierte Kirschen und Früchte darauf verteilen. Den Backofen auf 180°C vorheizen und den Kranz 35 Minuten backen. Herausnehmen, abkühlen lassen und mit etwas Puderzucker bestreuen.

Der Bolo Rei wird in Portugal traditionell zur Weihnachtszeit zwischen dem 25. Dezember und dem 6. Januar gegessen.

## Pudim flan – Karamellpudding

**Zutaten für 4 Personen:**

400 ml Milch
200 g Zucker
6 Eier
1 Zimtstange

**Zubereitung:**

Eine Puddingform bereitstellen. Die 120 g Zucker mit 40 ml Wasser in einem kleinen Topf bei milder Hitze unter ständigem Rühren karamellisieren lassen, bis er goldbraun und flüssig geworden ist. Das Karamell sofort in die Puddingform gießen, dabei auch die Ränder ausgießen.

In einem weiteren Topf die Milch zusammen mit der Zimtstange und dem restlichen Zucker langsam erhitzen und 20 Minuten ziehen lassen, aber nicht aufkochen. Dann vom Herd nehmen und abkühlen lassen, bis die Milch lauwarm ist. Die Zimtstange entfernen. Die Eier in einer Schüssel gut verquirlen und in die Milch eingießen, dabei mit dem Schneebesen unterschlagen.

Nun die Eiermilch in die Puddingform gießen, die Form verschließen 1 Stunde lang im heißen Wasserbad bei 180°C in den Backofen stellen. Herausnehmen und 1 weitere Stunde lang abkühlen lassen, dann auf eine Platte stürzen und bis zum Servieren im Kühlschrank kalt stellen.

# Land der Leidenschaft – zweiter Teil: Pedro und Inês

Jene andere Geschichte, die man sich in der Terra da Paixão erzählt, handelt von Pedro, einem Königssohn, und sie spielt im 14. Jahrhundert. Es ist eine traurige Geschichte.

Schon Pedros frühe Kindertage überschattete ein wenig herzliches Verhältnis zu seinem Vater, dem portugiesischen König Alfonso IV. Dieser war ein cholerischer Typ, machthungrig, selbstherrlich und gefühlskalt. Aus Sorge um sein Erbe hatte er schon als junger Mann dem eigenen Vater den Krieg erklärt und eine Armee aufgestellt. Schon marschierten beider Truppen gegeneinander auf. Doch bevor es zur Schlacht kommen konnte, ritt Alfonsos Mutter Elisabeth unbewaffnet zwischen die Heeresfronten und verhinderte so ein Gemetzel zwischen Vater und Sohn. Weil Elisabeth sich auch später als Friedensstifterin hervortat, wurde sie im 17. Jahrhundert heiliggesprochen.

Das hitzige Gemüt ihres Sohnes vermochte sie allerdings nicht dauerhaft zu kühlen. Seinen Thronanspruch setzte er nach dem Tod des Vaters mit Waffengewalt gegen die eigenen Halbbrüder durch, um danach die königlichen Pflichten weitgehend zu vernachlässigen und sich im Wesentlichen seiner Jagdleidenschaft hinzugeben. Auch um seine Kinder kümmerte Alfonso sich nicht weiter, ohne jedoch dabei die Festigung seiner eigenen Macht durch geeignete Verbindungen aus dem Auge zu verlieren. Die erstgeborene Maria zwang er als 15-Jährige, ihren Cousin zu heiraten, den König von Kastilien. Dieser hatte zu jener Zeit gerade seine Ehe mit einer kastilischen Prinzessin gelöst, die ihm schon als Kind angetraut worden war.

Die beiden nach Maria geborenen Söhne König Alfonsos starben früh, sodass der Anspruch auf das portugiesische Thronerbe auf den viertgeborenen Pedro überging. Um das Bündnis mit Kastilien weiter zu festigen, verheiratete Alfonso den gerade einmal fünfjährigen Pedro kurzerhand mit einer kastilischen Prinzessin namens Branca und holte das Mädchen an den portugiesischen Hof.

Pedro litt sehr unter dieser Kinderehe. Er mochte Branca nicht, sie war zickig, verwöhnt und zänkisch. Wenn ihr etwas nicht passte, dann zog sie ihn an den Haaren, kreischte lauthals und bezichtigte ihn übler Vergehen, die er sich gar nicht hatte zuschulden kommen lassen. Kein Wunder, dass Pedro keinerlei Lust auf die Erfüllung seiner ehelichen Pflichten verspürte, als er allmählich zum Mann heranwuchs. Das wiederum erzürnte Vater Alfonso aufs Äußerste. Schließlich lag ihm das Bündnis mit dem mächtigen Kastilien ganz besonders am Herzen, insbesondere, weil beide Königreiche in den nordafrikanischen Mauren einen gemeinsamen Gegner hatten.

Pedro jedoch blieb stur, und so platzte seinem Vater schließlich der Kragen. Er ließ die Ehe lösen, wobei ihm eine Erkrankung der Prinzessin Branca als Argumentationshilfe sehr zupass kam. Umgehend wählte er mit Constança Manuel eine andere kastilische Prinzessin für Pedro aus.

Auch Constança Manuel blickte zu diesem Zeitpunkt trotz ihres jugendlichen Alters bereits auf eine trostlose Vergangenheit zurück. Sie hatte man ebenfalls aus machtpolitischen Gründen schon als Kind verheiratet, auch diese Ehe wurde nie vollzogen und schließlich annulliert. Danach hielt man das Mädchen auf einer Festung gefangen, bis sich schließlich mit Pedro eine neue Heiratsperspektive auftat.

Diese Constança, so machte Alfonso seinem Sohn unmissverständlich klar, habe er zu heiraten und die damit verbundenen Pflichten ordnungsgemäß zu erfüllen. Mit welchen Drohungen er diesen Befehl verband, ist nicht überliefert, doch sie müssen schlagkräftig gewesen sein. Denn Pedro fügte sich. Die Ehe wurde zunächst in Abwesenheit der Braut geschlossen, da das Verhältnis zwischen Portugal und Kastilien sich aller Heiratsschacherei zum Trotz wenig freundschaftlich gestaltete. Alfonso ärgerte sich maßlos darüber, dass seine Tochter Maria inzwischen vom kastilischen König verstoßen und in ein Kloster verbannt worden war.

Doch damit nicht genug: Ausgerechnet Constança Manuel war jene kindliche Prinzessin, mit welcher der König von Kastilien vor seiner Ehe mit Maria verheiratet gewesen war. Dass seine Exfrau nun seinen portugiesischen Schwager heiraten sollte, stach dem kastilischen König wie ein Dorn im Auge. Deshalb verweigerte er Constança Manuel die Erlaubnis, nach Portugal auszureisen. Tatsächlich führten Kastilien und Portugal zunächst einmal drei Jahre lang Krieg gegeneinander. Erst als ihre dauernden Scharmützel beide Parteien soweit geschwächt hatten, dass ihre maurischen Feinde langsam Morgenluft zu wittern begannen, schlossen sie zähneknirschend Frieden. Und endlich durfte Pedros neue Ehefrau nach Lissabon ausreisen.

Was dieser jedoch nicht erwartet hatte, war, dass seine kastilische Frau in ihrem Gefolge eine Kammerzofe mitbrachte, deren Schönheit und Liebreiz er auf der Stelle erlag. Fortan konnte Pedro an nichts anderes mehr denken als an diese Inês. Und schon wieder geriet ihm die Ehe zur Hölle.

Niemandem am portugiesischen Hof entging Pedros Schwärmerei, zumal seine Zuneigung auf Gegenseitigkeit beruhte. Besonders Alfonso beobachtete die Liebelei mit Argusaugen, stammte doch Inês ebenfalls aus einer kastilischen Adelsfamilie. Ihre beiden Brüder, so fürchtete der König, könnten womöglich einen schlechten Einfluss auf Pedro ausüben und diesen zu Gunsten Kastiliens manipulieren.

Auch Constança entging die Neigung ihres Mannes nicht. Deshalb tat sie einen klugen Schachzug und bat Inês, die Patin ihres erstgeborenen Sohnes zu werden. Nach den damaligen Moralvorstellungen nahmen Paten eine der Elternschaft gleichgestellte Position ein, ein Verhältnis zwischen einem leiblichen Elternteil und einem Paten galt als inzestuös.

Ihre List nutzte der Ärmsten allerdings zunächst nichts. Das neugeborene Kind starb nach nur einer Woche. Pedro wandte sich indes weiterhin ungeniert seiner heißgeliebten Inês zu, woraufhin König Alfonso diese schließlich aus Portugal verbannte. Ein Jahr später starb Constança nach der Geburt eines weiteren Sohnes im Wochenbett, und Pedro glaubte den Weg für seine Verbindung mit Inês nun endlich frei. Alfonso tobte vor Wut und schrieb einen langen Brief an den Bischof von Braga, in welchem er auf das durch die einstige Patenschaft begründete Eheverbot zwischen Petro und Inês pochte.

Pedro jedoch holte Inês aus Spanien zurück und verbrachte mit ihr vier glückliche Jahre in einem Landhaus nahe der portugiesischen Stadt Coimbra. Die beiden bekamen vier Kinder, es heißt, dass sie sogar in aller Heimlichkeit die Ehe schlossen.

Als dieses Gerücht bis zu Alfonso durchdrang, brachte es dessen Unmut zum Überkochen. Denn er befürchtete nicht nur weiterhin die Gefahr einer kastilischen Einflussnahme auf seine Politik, er argwöhnte nun auch, dass Pedros und

Inês' gemeinsame Kinder einen Anspruch auf die Thronfolge erheben könnten. Diese jedoch billigte Alfonso ausschließlich Ferdinand zu, jenem Sohn Pedros, nach dessen Geburt die unglückliche Constança das Zeitliche gesegnet hatte.

Da ersann Alfonso eine diabolische Intrige. Heimlich berief er den Kronrat ein und klagte Inês wegen Hochverrats an. Der Prozess war eine Farce, das Todesurteil sprach Alfonso selbst. Als Pedro wenige Tage später zur Jagd ausritt, drangen drei Schergen Alfonsos in das Landhaus bei Coimbra ein und enthaupteten Inês. Es heißt, dass Pedro bei seiner Rückkehr ihren abgeschlagenen Kopf im Garten vorfand. Kann man sich vorstellen, was er empfunden haben muss?

Etwas außerhalb der Stadt Coimbra existiert noch heute jener verwunschene Garten, in dem sich die Tragödie zugetragen haben soll. Hier plätschert ein Brünnlein, das den melancholischen Namen „Quelle der Tränen" trägt. Ein Mäuerchen und ein gotischer Fensterbogen sind alles, was von Pedros und Inês' lauschigem Liebesnest übrig geblieben ist. Doch bis zum heutigen Tag treffen sich Liebespaare an diesem verwunschenen Ort, weil ihm solch eine schaurig-schöne Romantik innewohnt.

Die ungeheuerliche Tat Alfonsos zog einen hasserfüllten Konflikt zwischen Vater und Sohn nach sich, der in einen überaus blutigen Bürgerkrieg mündete. Geschwächt von hohen Verlusten auf beiden Seiten gaben die Kontrahenten erst nach einem Jahr endlich klein bei. Auf Vermittlung der Königin, die zutiefst unter dem erbitterten Streit zwischen ihrem Mann und ihrem Sohn litt, kam es zu einem Burgfrieden zwischen den beiden. Mit Widerwillen musste Alfonso seinen Sohn als Mitregenten akzeptieren. Kurz darauf starb der alte König.

Als frischgebackener König von Portugal verbündete Pedro sich umgehend mit Kastilien, außerdem ließ er die drei von

Alfonso gedungenen Mörder seiner Inês jagen. Zweier wurde er habhaft, der dritte konnte sich erfolgreich nach England absetzen. Manche Zeitgenossen munkelten, Pedro habe die beiden erwischten Missetäter zunächst brutal gefoltert, ihnen sodann bei lebendigem Leibe die Herzen herausgerissen und die noch zuckenden Fleischklumpen verspeist. Diese barbarische Scheußlichkeit trug ihm den Beinamen „der Grausame" ein.

Als nächstes ließ Pedro in der Kathedrale von Coimbra zwei Thronsessel aufstellen und seine geliebte Inês exhumieren. Ihr Leichnam wurde in prachtvolle Gewänder gehüllt, mit Juwelen geschmückt, auf einem der Throne platziert und feierlich zur Königin gekrönt. Derweil saß er selbst auf dem anderen Thron und verfolgte grimmig die Zeremonie. Alle Höflinge, die von der Intrige gegen Inês gewusst hatten, zwang er, die verweste Hand des Leichnams zu küssen. Im Anschluss an die Prozedur ließ er Inês im Kloster von Alcobaça feierlich beisetzen.

Nachdem seine Rachegelüste nun schließlich gestillt waren, erwies Pedro sich als kluger und umsichtiger König. Portugal erlebte endlich eine Zeit des Friedens. Pedro kümmerte sich um die inneren Angelegenheiten des Landes, insbesondere reformierte er die Justiz. Sein erklärtes Ziel dabei war es, deren Instrumentalisierung, wie im Fall seiner Inês geschehen, zukünftig auszuschließen. Die erzielten Erfolge trugen ihm sowohl die Liebe des portugiesischen Volks als auch einen weiteren Beinamen ein: „der Gerechte".

Zwar wandte er sich später noch einmal einer Frau zu, aus der Beziehung ging sogar ein Sohn hervor. Er heiratete dessen Mutter jedoch nicht. Denn niemals konnte er Inês vergessen, die Liebe seines Lebens.

Als Pedro I., Portugals achter König, 1367 im Alter von 46 Jahren starb, bestattete man ihn in einem überaus kunstvoll geschmückten Sarkophag in der Kirche der Zisterzienserabtei von Alcobaça. Gleich neben ihm ruht Inês in einem nicht minder prächtigen Grab. Pedro gab die Prunksärge noch zu Lebzeiten in Auftrag und legte die Anordnung der beiden Körper darin präzise fest. Denn sein ausgesprochener Wunsch war es, dass er und seine geliebte Inês sich bei der Auferstehung am Jüngsten Tag als allererstes gegenseitig in die Augen schauen sollten.

Noch heute treten frisch vermählte Paare neben die beiden Sarkophage und wiederholen dort ihr gegenseitiges Treueversprechen. Welch ein Ort könnte dafür geeigneter sein als das Denkmal einer Leidenschaft, die bis über den Tod hinausreicht?

## Cozido à portuguesa – portugiesischer Eintopf

**Zutaten für 4 Personen:**

400 g Rindfleisch
1 Poularde
1 geräucherter Schinkenknochen (ca. 400 g)
200 g geräucherte Blutwurst („morcela“)
500 g Kartoffeln
250 g Kichererbsen (Dose)
200 g Reis
4 Möhren
½ Kopf Weißkohl
2 Kohlrabi
2 Zwiebeln
2 Knoblauchzehen
1 Bd. Blattpetersilie
2 Lorbeerblätter
Pfeffer
Salz

**Zubereitung:**

Zwiebeln und Knoblauch häuten, die Zwiebeln vierteln und beides zusammen mit den Lorbeerblättern, dem Rindfleisch und den Schinkenknochen in einem Topf mit reichlich Wasser aufsetzen, salzen und pfeffern. Bei mittlerer Hitze 2½ Stunden kochen lassen, dabei immer wieder den Schaum von der Oberfläche abschöpfen. Nach 1¾ Stunde Kochzeit die Poularde hinzugeben. In der Zwischenzeit Kartoffeln, Kohlrabi und Möhren schälen und alles in Stücke schneiden. Den Weißkohl putzen und vierteln.

Nach Ablauf der Kochzeit das Fleisch aus dem Topf nehmen und abkühlen lassen. Von der Brühe ½ l entnehmen und in einem weiteren Topf füllen, den Reis hinzugeben, aufkochen und bei sehr milder Hitze garen. Das Gemüse und die Blutwurst in den Topf mit der restlichen Brühe geben, aufkochen und 20 Minuten bei mittlerer Hitze kochen. Inzwischen das Fleisch von den Knochen lösen und in grobe Stücke schneiden. Die Blutwurst aus dem Topf nehmen und in Scheiben schneiden. Sodann alles Fleisch sowie die Kichererbsen in den Gemüsetopf geben und 10 Minuten bei milder Hitze erwärmen. Die Petersilienblättchen abzupfen, grob hacken und ganz zum Schluss unterrühren.

Zum Servieren gibt man Gemüse und Kichererbsen auf eine Platte, legt Fleisch und Wurst in die Mitte und übergießt das Ganze mit der Brühe. Der Reis wird separat dazu gereicht.

## Sopa de abóbora com gengibre e coentro – Kürbissuppe mit Ingwer und Koriander

### Zutaten für 4 Personen:

600 g Kürbis (geschält und entkernt)
1 Zwiebel
60 ml Olivenöl
4 Möhren
150 ml Sahne
2 Tl geraspelten frischen Ingwer
2 Tl gehackten frischen Koriander
Salz
Pfeffer

### Zubereitung:

Das Kürbisfleisch in Stücke schneiden, die Zwiebel schälen und würfeln, die Möhren schälen und in Scheiben schneiden. Das Olivenöl in einem Topf erhitzen und die Zwiebeln darin anschwitzen, bis sie leicht gebräunt sind. Nun das Kürbisfleisch, die Möhren und 250 ml Wasser hinzugeben, salzen, pfeffern, aufkochen und dann bei milder Hitze 30 Minuten lang köcheln lassen.

Den Ingwer hinzugeben und das Ganze pürieren. Die Sahne und den Koriander unterrühren, nicht mehr aufkochen. Sollte die Suppe zu dick sein, noch etwas Wasser hinzugeben. Auf Tellern verteilen und mit Broa de milho (Maisbrot) oder knusprigem Weißbrot servieren.

# Der Wanderer und der Esel – Entschleunigung auf sechs Beinen

Aljezur ist ein kleiner Ort in den dünn besiedelten Hügeln der Costa Vicentina. Die Ruinen einer maurischen Festung thronen über seinen weißen Häusern, Zeugen einer Vergangenheit, in der dem Städtchen weit größere Bedeutung zukam als heutzutage.

Denn der kleine Fluss, der das Tal von Aljezur durchläuft, versandete erst vor rund 500 Jahren. Bis dahin konnte man ihn mit Schiffen befahren, und weil es weit und breit an der rauen Küste keine andere geeignete Bucht gab, entwickelte sich Aljezur zu einem bedeutenden Hafen. Die Verbindungen reichten bis nach Flandern und Kastilien, auf dem Markt herrschte reger Handel mit Stoffen, Honig, Dörrobst, Gewürzen und Öl. Die Zollabgaben flossen reichlich und kamen dem städtischen Hospital zugute.

Im fruchtbaren Flusstal lagen ausgedehnte Getreidefelder, und die Wassermühlen am Ufer verarbeiteten das Korn zu Mehl. Im großen Stil stellten hiesige Bäcker Zwieback daraus her, mit dem die portugiesische Flotte versorgt wurde. In den üppigen Gärten von Aljezur gediehen Obst und Gemüse, die saftigen Weiden nährten Rinder, Schweine, Schafe und Ziegen. An den Berghängen standen die Bienenkörbe, und in den Jagdgründen gab es reichlich Wild. Das Leben in der kleinen Stadt war gut.

Doch mit der Versandung des Flusses begann Aljezurs Stern zu sinken. Die Schiffe erreichten den Hafen nicht mehr, die Auen im Tal trockneten allmählich aus. Das Beben von 1755 tat ein Übriges, indem es große Teile Aljezurs zerstörte. Auf einem Hügel, der einen Kilometer von der Altstadt entfernt liegt, entstand danach die Neustadt, die den Bewohnern mehr Sicherheit bieten sollte. Die meisten Menschen leben heute in diesem Teil von Aljezur.

Doch nicht so Manfred, den ich vor langer Zeit kennengelernt habe. Damals hatten wir beruflich miteinander zu tun, Manfred arbeitete in der Werbebranche und lebte ständig auf der Überholspur. Doch eines Tages war es ihm genug. Er machte etwas, wovon viele träumen: schmiss einfach hin und stieg aus.

Nachdem er seine Wohnung aufgelöst und fast seine gesamte Habe verkauft oder verschenkt hatte, zog er nach Portugal. Hier lebt er nun seit vielen Jahren wenige Kilometer außerhalb von Aljezur auf einem kleinen Gehöft. Er hat sich eine Existenz aufgebaut, die von seinem früheren Leben so weit entfernt ist wie die Sonne vom Neptun. Und das scheint ihm gut zu bekommen.

Sonnengebräunt und grinsend empfängt er mich, die inzwischen ergrauten Locken schauen unter einem fransigen Strohhut hervor. Er strahlt Ruhe und Langmut aus, seine Bewegungen wirken bedächtig, als plane er im Voraus ganz genau, so wenig Energie wie möglich dafür aufzuwenden. Es scheint mir, als habe er ganz und gar die gelassene Lebensweise eines alten portugiesischen Bauern verinnerlicht.

Für einen solchen könnte man ihn allerdings halten, denn er ist nicht allein. Neben ihm steht Jolanda, ein Stück kleiner als er und dunkelhaarig. Aus großen, braunen Augen schaut sie mich neugierig an. Über ihrer breiten Stirn steht ein Haarbüschel vorwitzig empor, rechts und links davon hat sie ihre übergroßen Ohren aufmerksam gespitzt. Denn Jolanda ist eine Eselin.

Manfred besitzt einen kleinen Eselshof und richtet die genügsamen Tiere dazu ab, Urlauber auf Wandertouren zu begleiten. So ein Esel kann problemlos 20 Kilo Gepäck transportieren und einen Wanderer dabei über Stock und Stein begleiten. Waren es in den ersten Jahren nur ein paar vereinzelte Öko-Freaks, die sich von Manfreds Angebot angesprochen fühlten, so ist er inzwischen stets lange im Voraus ausgebucht. Mit seinen Eseln wandern abenteuerlustige junge Leute genauso gerne wie ältere Paare, besonders beliebt sind die Touren aber bei Familien mit Kindern.

Portugal ist ein Paradies für Wanderer. In den letzten Jahren ist ein verzweigtes Wegenetz entstanden, über welches sich das Land auf Schusters Rappen erkunden lässt. Einsame Pfade führen durch karge Landschaften, durch Blumenwiesen, Korkeichenwälder und Olivenhaine, vorbei an Viehweiden und Haferfeldern, an verlassenen Gehöften und altersschwachen Windmühlen. Und immer wieder führt der Weg durch ein uraltes Dorf, umweht die Wandersleute der angenehme Duft von Zistrosen und wildem Lavendel.

Die Pfade folgen oft historischen Arbeitswegen, wie zum Beispiel der Caminho Histórico, der auf 213 Kilometern Länge zwischen Santiago do Cacém im Alentejo bis zum Cabo de São Vicente verläuft. Alternativ dazu gibt es die Rota Vicentina, deren Wegenetz zum Teil auf alten Fischerpfaden direkt über der Steilküste entlangführt. Über einen Verbindungsweg kann man in Aljezur zur Via Algarviana hinüberwechseln, die in westöstlicher Richtung durchs Hinterland der Algarve verläuft. Von diesem Wanderweg hatte uns schon die Vogelkundlerin Adília berichtet.

Aus dem Wegenetz hat Manfred ein paar Rundtouren zusammengestellt, mit Streckenabschnitten zwischen sieben und 15 Kilometern, an deren Ende eine einfache Unterkunft wartet. Dazu eine ländliche Vesper aus frischem Maisbrot, Käse und Oliven, serviert mit einem Lächeln, und natürlich eine Weide für den Esel, der dem Wanderer unermüdlich auf Schritt und Tritt gefolgt ist.

„Und was machst du mit den Städtern, die keine Ahnung davon haben, wie man so einen Esel behandelt?", frage ich mit skeptischem Blick auf Jolanda und unterbreche damit Manfreds Schilderung der Vorzüge seines Wanderparadieses. Er hebt die Brauen, schüttelt spöttisch den Kopf und krault Jolanda zwischen den Ohren.

„Das ist nun wirklich kein Problem. Die Esel haben eine Engelsgeduld. Und außerdem sind sie als echte Profis an Grünschnäbel gewöhnt." Aber auch die frischgebackenen Eselsführer brauchen keine Angst vor den Profi-Tieren zu haben. Am ersten Tag begleitet Manfred oder einer seiner Helfer die Wanderer und erklärt alles, was diese zur artgerechten Behandlung des Grautieres wissen müssen. Sie lernen, wie man den Esel richtig sattelt und belädt, wie man ihn führt, füttert, tränkt und auf die Weide bringt. Wie man ihn bürstet und seine Hufe kontrolliert, wie man ihn lobt und auf welche Kommandos er reagiert. Jeweils eine Stunde am Morgen und am Abend gehört der Versorgung des Esels. Sich diese Muße zu nehmen, ist ein wichtiges Element im entschleunigten Tagesablauf des Eselswanderers.

Während Manfred dann von der schönen Strecke schwärmt, die von Aljezur bis Odeceixe entlang der Costa Vicentina und im Bogen durchs Hinterland wieder zurückführt, wächst in mir die Lust, mich selbst auf diese Tour zu begeben. Hätte ich nur die Zeit dafür! Der Weg zieht sich durch die Hügel und entlang der imposanten Steilküste, wo sich die einsamen Buchten für Pausen anbieten. Am Ufer des Flusses Ribeira de Seixe geht es dann weiter bis ins Dorf Odeceixe, das ich erst am Vortag besucht habe.

Odeceixe wurde einst von Mauren gegründet, und hier scheint die Zeit in einem ganz eigenen Rhythmus abzulaufen. Sonnenstaub und Stille liegen über den verschlafenen Gässchen, in denen sich die weißen Häuser wie kleine Schachteln aneinanderreihen und in malerischer Reihe vom unteren Ortsteil im Tal des Ribeira de Seixe den Hang emporziehen. Hier, im oberen Dorf, steht eine alte Windmühle und erzählt ganz ohne Worte ihre persönliche Geschichte von der Vergangenheit. Sie wurde aufwendig restauriert und ist daher noch immer voll funktionsfähig.

Weiter flussabwärts erreicht man dann die Praia de Odeceixe, einen der schönsten Strände an der Costa Vicentina. In seinem Mündungslauf hat der Fluss mit feinem Schwemmsand eine breite Landzunge geschaffen. „Der ideale Platz für eine Pause im schattigen Flusstal, bevor es für den Rückweg wieder die Klippen hinaufgeht“, erklärt Manfred, der Jolanda inzwischen auf die Weide geführt hat.

Nun trinken wir eine Bica im Schatten eines alten Maulbeerbaumes, und ich bitte ihn, mir noch etwas mehr über Portugals Wanderwege zu erzählen. Denn er hat mir verraten, dass er im Lauf der Jahre viele Kilometer Wegstrecke kreuz und quer durch Portugal zurückgelegt hat. Das Wandern, erklärt er mir, ist seine Art, die eigene Mitte zu finden. Der langsame Rhythmus, Schritt für Schritt durch die Ursprünglichkeit der portugiesischen Landschaft, führt ihn sachte immer tiefer hinab in innere Einkehr und Meditation. Alle Lasten des Alltags, so meint er, fallen dabei ganz wie von selbst von ihm ab. Ich hoffe insgeheim, dass er immer die richtigen Schuhe trägt, dass er auf steinigen Pfaden keinen falschen Tritt tut und dass sein Esel niemals störrisch ist. Und ich beneide ihn um seine mutige Entscheidung, der Hektik und immer rasanteren Schnelllebigkeit unserer Zeit einfach den Rücken gekehrt zu haben.

„Von Odeceixe“, beginnt Manfred seine Erläuterungen über Portugals Wanderwege, „geht es weiter nach Norden über den Fischerpfad Trilho dos Pescadores, 100 Kilometer direkt an der Küste entlang bis nach Porto Covo.“ Der Pfad, so fährt er fort, sei oft nur so schmal wie ein Handtuch und führe mitunter dicht am Abgrund der Klippen vorbei. „Oben weht der salzige Wind und unten donnern die Brandungswogen des Atlantiks“, schwärmt Manfred, „herrlich, aber nichts für Angsthasen.“

Das Wandern hat in Portugal eine lange Tradition, und das ist einer der Gründe, warum sich der Wandervogel Manfred für ein Leben in Portugal entschieden hat. Schon im 12. Jahrhundert gab es hier Menschen, die zu Fuß nicht einfach nur von A nach B gelangen wollten. Vielmehr betrachteten sie die Fortbewegung selbst als eigentlichen Zweck, ganz im Sinne dessen, was Manfred mir über die innere Einkehr erzählt hat. Oder, um es mit den Worten des Konfuzius zu sagen: Der Weg ist das Ziel.

Diese frühen portugiesischen Wandersleute waren Pilger, die über verschiedene Wanderpfade nordwärts nach Santiago di Compostela gingen. Der Brauch entstand in der Zeit der Reconquista, als immer mehr Christen aufbrachen, um ihrer Dankbarkeit für die Befreiung von den Moslems Ausdruck zu verleihen. Dass ausgerechnet Santiago di Compostela solch eine magnetische Anziehungskraft entwickelte, begründete sich in der Annahme, dort lägen die Gebeine des Christusjüngers Jacobus begraben, die einst aus dem Katharinenkloster der Halbinsel Sinai nach Spanien gebracht worden sein sollen.

Vom Sinai mussten die Reliquien vor den immer mehr Macht und Einfluss gewinnenden Moslems gerettet werden, doch in Spanien sollte es ihnen auch nicht viel besser ergehen. Als die Mauren Spanien eroberten, so heißt es, schafften Christen die Gebeine des Jacobus nach Norden und versteckten sie in Santiago di Compostela. Nach der Vertreibung der Mauren richtete sich die Dankbarkeit der christlichen Bevölkerung dorthin, schien es doch, als habe hier eine Feste der Christenheit die Jahrhunderte hindurch der muslimischen Herrschaft getrotzt.

Durch die christlichen Wanderer entstand der Caminho Português, ein Jakobsweg aus dem 12. Jahrhundert, der über eine gut 600 Kilometer lange Strecke von Lissabon bis nach Santiago di Compostela führt. Über Nebenstrecken gelangt man ab Porto nordwärts entlang der Küste oder von Santarém über Fátima und Coimbra auf diesen Weg. Ihren Höhepunkt erreichte die Pilgerwelle gegen Ende des Mittelalters, der ständige Fluss der Pilgerreisenden sorgte für einen regen kulturellen Austausch zwischen Nordspanien und Portugal.

In den letzten Jahrzehnten ist die alte Tradition des Wanderns wiederbelebt worden, weil es als interessanter Tourismuszweig entdeckt wurde. So haben sich portugiesische Kommunen und private Initiativen daran gemacht, Routen auszuarbeiten und die Wege internationalen Standards entsprechend auszubauen. Die Aldeias Históricas de Portugal zum Beispiel sind ein Zusammenschluss von zwölf mittelalterlichen Dörfern in den strukturschwachen Regionen Beira Alta und Beira Baixa, die im Hinterland von Porto und Coimbra liegen. Aufgrund der zunehmenden Landflucht haben diese Dörfer mithilfe von EU-Fördermitteln Maßnahmen zur Verbesserung der Infrastruktur ergriffen und nachhaltige Reiseangebote als Zukunftsperspektive entwickelt. Bequeme Wege verbinden die Weiler miteinander, sodass gute Voraussetzungen für eine Rundwandertour bestehen.

„Auch hier im Naturpark Sudoeste Alentejano e Costa Vicentina haben sich die Kommunen zusammengeschlossen, um das Wegenetz des Caminho Histórico für Touristen attraktiv zu machen." Manfred nickt zufrieden. Denn auch seine Existenz fußt auf den Aktivitäten dieser Interessengemeinschaft. Wer ohne Esel wandern will, der kann den Gepäcktransport nutzen, den spezialisierte Gastgeber entlang der Route für Wanderer organisieren. Auf diese Art lässt sich die gesamte Strecke des Caminho Histórico in zwölf Tagesetappen ablaufen.

„Aber viel schöner ist es doch, wenn man einen vierbeinigen Begleiter dabeihat", stellt Manfred fest und erhebt sich. Auf der staubigen Piste, die zu seinem kleinen Eselshof führt, nähert sich eine Gruppe von Leuten mit drei Eseln. Sechs Tage lang sind sie unterwegs gewesen, dank der guten Streckenbeschreibung, der familiären Unterkünfte, ihrer passenden Ausrüstung, vor allem aber dank der braven Esel ist die Tour zum vollen Erfolg geworden. Die Kinder, die offenbar ohne Klagen mitgewandert sind, wollen sich gar nicht von den Tieren trennen, als diese abgeschirrt sind und auf die Weide geführt werden.

Vielleicht sollte ich mir die Zeit für solch eine Eselstour doch einfach mal nehmen!

# Açorda – portugiesische Brotsuppe

## Zutaten für 4 Personen:

4 Scheiben Weißbrot mit dicker Kruste (am besten Pão Alentejano, ein traditionelles Sauerteig-Weißbrot)
1 l Gemüsebrühe
8 Knoblauchzehen
die fein abgeriebene Schale einer unbehandelten Zitrone
100 ml Olivenöl
1 Bd. frischer Koriander
4 sehr frische Eier
Salz, Pfeffer

## Zubereitung:

Die Knoblauchzehen häuten, 4 davon zusammen mit 3 Zweigen des Korianders in die Gemüsebrühe geben, aufkochen und ½ Stunde bei milder Hitze ziehen lassen, danach Knoblauch und Koriander entfernen, salzen und 2 El Olivenöl unterrühren.

Die restlichen Knoblauchzehen und den Koriander fein hacken, etwas Koriander beiseitelegen, den Rest mit dem gehackten Knoblauch, der Zitronenschale und dem übrigen Olivenöl zu einer Paste vermischen, salzen, pfeffern und beiseitestellen. Die Brotscheiben knusprig rösten.

In einem kleinen Topf etwas ungesalzenes Wasser erhitzen, bis es kurz vor dem Sieden ist (es darf nicht kochen). Die Eier einzeln in Tässchen aufschlagen.

Anschließend einzeln ins Wasser gleiten lassen und 4 Minuten darin pochieren. Mit dem Schaumlöffel herausnehmen und auf Küchenkrepp abtropfen.

Auf 4 Suppenteller zunächst jeweils einen Klecks der Koriander-Knoblauch-Paste geben, darauf eine Brotscheibe und ein pochiertes Ei. Mit der Brühe übergießen, mit etwas Koriander bestreuen und servieren.

# Pão de ló – Biskuitkuchen

## Zutaten:

150 g Mehl
80 g Zucker
8 Eier
¼ Tl Backpulver
1 Pck. Vanillezucker
Salz
Butter zum Einfetten
Puderzucker

## Zubereitung:

Die Eier in Eigelb und Eiweiß trennen. Die Eigelbe mit dem Zucker und dem Vanillezucker schaumig aufschlagen, dann das Backpulver unterrühren und nach und nach das Mehl hinzusieben, jeweils mit einem Löffel unterheben. Die Eiweiße mit einer Prise Salz sehr steif schlagen und anschließend portionsweise behutsam unter den Teig heben.

Eine Springform gut mit Butter einfetten und den Backofen auf 180°C vorheizen. Den Biskuitkuchen ca. 20 Minuten lang darin backen, bis die Oberseite goldgelb ist. 10 Minuten in der Form ruhen lassen, dann herausnehmen und auf einem Rost abkühlen lassen.

Vor dem Verzehr mit etwas Puderzucker bestäuben.

Wer mag, kann dem Teig noch etwas fein geriebene Zitronen- oder Orangenschale beimischen.

Der Biskuitkuchen schmeckt pur oder mit frischen Beeren und/oder Vanilleeis.

# Wie gewonnen, so zerronnen – Aufstieg und Fall der Kolonialmacht

Mit Genugtuung betrachtete König João III. die Weltkarte, die sein Hofmeister ihm vorlegte. Wieder einmal war die Zahl der gesetzten Markierungen deutlich gestiegen, der Einfluss Portugals erneut gewachsen. Dank seiner Stützpunkte an den wichtigsten Küsten des Erdballs schien Joãos Macht allumfassend und sicher. Mit einer knappen Handbewegung entließ er den Hofmeister, beugte sich über die Karte und vertiefte sich genauer in die dort eingezeichneten Namen und Grenzen.

Von Norden ausgehend zogen sich portugiesische Niederlassungen um die Küsten halb Afrikas, dann weiter entlang der arabischen Halbinsel, hinüber nach Indien und bis ins südostasiatische Meer.

Besonderen Stolz empfand João auch über die große Landmasse im Südwesten des Atlantiks, die der portugiesischen Krone zugeschlagen worden war: Brasilien. Erst kürzlich hatte ein Abkommen mit Spanien die Rechtmäßigkeit dieser Annexion bestätigt.

Doch Portugal besaß nicht nur einen Anspruch auf die Reichtümer Brasiliens, vor allem unterstanden alle wichtigen Handelsrouten im Indischen Ozean seiner Oberhoheit. Nach harten Auseinandersetzungen mit den Flotten der Araber kontrollierte Portugal die Straße von Hormus und die gesamte indische Westküste bis hin zur Insel Ceylon, die es in Besitz genommen hatte. Ein Lächeln glitt über Joãos sonst so mürrische Züge. Kein Zweifel, ihm gehörten die Sahnestückchen dieser Welt!

Damit stand er weitaus besser da als sein Vater, König Manuel. Gewiss, unter diesem begann einst Portugals Aufschwung zur Weltmacht. Doch trübten nach Joãos Ansicht etliche Fehlentscheidungen die Erfolge Manuels.

Zwar musste man Manuel zubilligen, dass während seiner Amtszeit aus dem armen Portugal ein stolzes und überaus wohlhabendes Reich erwuchs. Das konnte Manuel nicht demonstrativ genug zur Schau stellen, denn überall entstanden die fantastischsten Prunkbauten. Er habe Portugal ins goldene Zeitalter geführt, so verkündete Manuel bei jeder sich bietenden Gelegenheit. Aus dem ärmsten Schlucker Europas habe er das reichste Land des Kontinents gemacht.

Musste Portugal nicht noch wenige Jahre zuvor Getreide aus dem verhassten Maghreb importieren, um seine Bevölkerung überhaupt ernähren zu können? Dass außer Salz, Kork, Wein und Öl auch alle anderen benötigten Waren eingeführt werden mussten, zog ein erhebliches Handelsdefizit nach sich. Dem Land fehlten Geld und Leute, ein Teufelskreis, aus dem es kein Entrinnen zu geben schien.

Als Portugal sich schließlich anschickte, die Handelswege auf den Meeren zu erobern, da stand auch dieses Vorhaben zunächst unter keinem guten Stern. Es gab ja nicht nur äußerst begrenzte Finanzmittel für das gewagte Vorhaben, es haperte auch an den nötigen Besatzungen der Schiffe. Wer bei der Flotte anheuerte, der fehlte in der Landwirtschaft. Und genauso verhielt es sich mit den neu geschaffenen Handelsstützpunkten. Wer sollte dortbleiben, um sie zu sichern?

All diesen Widrigkeiten zum Trotz hatte Manuel das Land auf den Weg zur Kolonialmacht geführt und reich gemacht. Er errang die Schätze Afrikas und Indiens, darüber hinaus auch die der Inseln im Südchinesischen Meer. Deshalb betrachtete er sich als König der Welt.

Besuchte Manuel den Gottesdienst in Lissabons Kathedrale, so ließ er sich von mehreren Elefanten eskortieren. Eines dieser imposanten Tiere schenkte er dem Papst, was diesen überaus entzückte. Das wiederum sicherte Manuel die päpstliche Gunst, sollte Spanien einmal gegen die geschlossenen Verträge aufmucken und Ansprüche auf Afrika und Asien anmelden. Solange alle dortigen Handelsstützpunkte portugiesisches Krongut blieben, war Manuel nicht nur der König der Welt, sondern auch einer ihrer reichsten Potentaten.

Schon als Kind hatte sich João über die ständige Angeberei seines Vaters geärgert. Und jetzt, wo er selbst die Regentschaft übernommen hatte, zeigten sich die Schattenseiten von Vaters Prunksucht nur allzu deutlich: Er hinterließ immense Schulden. Doch auch João wollte jetzt einem Lebensstil frönen, der seiner Bedeutung als Weltherrscher entsprach. Was blieb ihm übrig, als weitere Schulden anzuhäufen?

Kein Zweifel, Manuel trug die Schuld daran, dass es keinerlei Rücklagen gab. Mit seinem Starrsinn hatte er darüber hinaus dem Land auch noch allerhand Chancen verbaut. Nur aus Trotz verdarb er es sich mit wichtigen Leuten, die als Steigbügelhalter auf dem Weg zu weiteren Entdeckungen von Nutzen gewesen wären und die Portugals Wohlstand womöglich noch vergrößert hätten.

Einer dieser Leute war der Portugiese Ferdinand Magellan. Nur weil dieser ein paar Privatgeschäfte mit den Mauren machte, kündigte Manuel ihm seine Stellung als portugiesischer Entdeckungsfahrer auf. Und Magellan wechselte flugs zur Konkurrenz. Im Auftrag der Spanier begab er sich auf die erste Weltumseglung der Geschichte.

Das Vorhaben wäre ihm auch gelungen, hätte er nicht irgendwo auf einer philippinischen Insel eine Schlacht gegen die Einheimischen begonnen. Die wollten sich nämlich nicht so gerne zum Christentum bekehren und der spanischen Krone unterwerfen. Das Gemetzel endete mit einem Giftpfeil, der Magellan das Leben kostete.

Trotzdem kamen nach dreijähriger Reise 18 seiner Leute zurück in die Heimat. Sie hatten als erste Menschen erfolgreich die ganze Erde umrundet, ein Triumph, den sich auch Portugal auf die Fahne hätte schreiben können. Wenn nur König Manuel nicht so stur gewesen wäre!

Zu allem Überfluss hinterließ er João auch noch ungesicherte Machtverhältnisse an vielen strategisch wichtigen Punkten der Handelswege. Wie fragil die portugiesischen Stützpunkte waren, zeigten die ständigen Scharmützel, die immer wieder an den verschiedensten Stellen ausbrachen. Nachdem João 1521 die Nachfolge seines Vaters angetreten hatte, steckte er deshalb alle Kraft in die Sicherung der Kolonialmacht. Außerdem lagen ihm die portugiesischen Gebietsansprüche in Südamerika am Herzen. Mit dem Vertrag von Saragossa zwischen Portugal und Spanien erreichte er schließlich eine detaillierte Festlegung der dortigen Kolonialgrenzen zugunsten Portugals.

Hatten die Kolonialmächte Brasilien bisher noch relativ wenig Beachtung geschenkt, so begann jetzt ein Wettlauf um die Herrschaft über das Land. Inzwischen versuchten auch die Franzosen dort Fuß zu fassen, die sich um das Abkommen zwischen Portugal und Spanien nicht weiter scherten. Sie waren am kostbaren Brasilholz interessiert, aus dem sich ein überaus begehrter roter Farbstoff herstellen ließ. Außerdem, so hieß es, lagen Diamanten in Brasiliens Flussbetten herum wie anderenorts die Kieselsteine. Um den Franzosen zuvorzukommen und die territorialen Verhältnisse fest zu zementieren, vergab João riesige brasilianische Landgebiete als Lehen an portugiesische Adelige.

Diese wollten möglichst viel Profit aus ihren Lehen schlagen und legten deshalb gigantische Zuckerrohrplantagen an. Zu deren Bewirtschaftung ließen sie Indios im Landesinneren fangen und versklaven. Doch die bedauernswerten Menschen erwiesen sich als äußerst anfällig für die Krankheiten ihrer portugiesischen Herren. Weil sie reihenweise starben, ersetzte man sie kurzerhand durch afrikanische Sklaven. Nun endlich florierte die Zuckerproduktion.

Die portugiesischen Händler verkauften Sklaven aus Afrika nicht nur an die Plantagenbesitzer Brasiliens, sondern auch in andere europäische Länder und nach Arabien. Außerdem holten sie aus Afrika Baumwolle, Elfenbein, Guineapfeffer, Gummiarabikum und jede Menge Gold. Weil Portugal zudem das arabisch-venezianische Handelsmonopol gebrochen hatte, verdiente es nun Unsummen mit kostbaren Gewürzen aus Südostasien, wie Pfeffer, Ingwer, Muskat, Wermut, Nelken oder Zimt.

Doch trotz seiner enormen Gewinne wuchsen die Schulden des portugiesischen Königshofs ständig weiter. All der Prunk forderte seinen Tribut, permanent überstiegen die Kosten der Hofhaltung Joãos Einnahmen. Ganz zu schweigen von dem Schuldenberg, den er von seinem Vater übernommen hatte. An das Abtragen der Verbindlichkeiten war überhaupt nicht zu denken.

Vielleicht trug der Unmut über die tiefroten Zahlen dazu bei, dass João eine folgenschwere Entscheidung traf. Kopfschüttelnd betrachtete er die Vielzahl der Handelsstützpunkte und Kolonien, die auf der Karte verzeichnet waren. Ihm gehörten die ertragreichsten Teile der Welt, und trotzdem plagten ihn Schulden. Wie konnte das möglich sein? Wütend dachte er an die jüdischen Händler und Bankiers, denen es irgendwie immer gelang, ihren Reichtum zu vergrößern. Das konnte doch nicht mit rechten Dingen zugehen!

Er vergaß dabei allerdings, dass die christlich geprägten Zünfte den Juden die Ausübung eines Handwerks überall in Europa verwehrten, und auch, dass Juden keinerlei Land erwerben durften. Ihnen blieben deshalb nur Handel und Geldverleih, um den Lebensunterhalt zu bestreiten. Dass die Juden trotz dieser Einschränkungen äußerst erfolgreich waren, erregte allgemeine Missgunst. Außerdem hatte ihre Anzahl in Portugal drastisch zugenommen, nachdem immer mehr Juden aus Spanien flohen, wo ihnen die Inquisition das Leben erschwerte. Am Ende wurden sie aus Spanien sogar vollständig verjagt.

Eines Tages war auch König Manuel wegen der Juden unter Druck geraten. Er warb um die Hand der spanischen Königstochter, doch deren Vater verlangte im Gegenzug für seine Einwilligung ein Edikt zur Vertreibung der portugiesischen Juden. 1496 leistete Manuel dem Wunsch des spanischen Königs Folge. Aus wirtschaftlichen Überlegungen behielt er die Juden jedoch im Land und ließ sie allesamt zwangstaufen. So besetzten sie weiterhin wichtige Stellungen in Handel und Kreditwesen.

Hatte Manuel damit nicht schon wieder einen schweren Fehler begangen? Nun gingen die christianisierten Juden weiterhin in aller Seelenruhe ihren Geschäften nach und verfügten nach wie vor über reichlich Geld, das sie auch noch ständig mehrten! Und das, während die Schulden des christlichen Königs immer weiter stiegen!

Wütend fegte João die Weltkarte von seinem Tisch. Dem würde er einen Riegel vorschieben! Konnten nicht seine eigenen Leute die lukrativen Geschäfte abschließen? Und wer garantierte schon, dass die Zwangskonvertiten nicht insgeheim noch immer dem Judentum anhingen? Umgehend befahl er seinen Schreiber zu sich und setzte einen Brief an den Papst auf.

So kam es, dass Papst Paul III. auf Wunsch König Joãos drei Inquisitoren nach Portugal entsandte, um den konvertierten Juden gründlich auf den Zahn zu fühlen. Schon bald gab es gestrenge Inquisitionstribunale in Lissabon, Coimbra und Évora. Ein weiteres entstand in der portugiesischen Kolonie Goa, dieses konzentrierte sich allerdings weniger auf jüdische Konvertiten, sondern schwerpunktmäßig auf die nicht christlichen Seefahrer.

Es folgten bittere Jahre, in denen die Inquisition all denjenigen das Leben zur Hölle machte, die nicht dem christlichen Glauben folgten oder der Ketzerei verdächtig wurden.

Nachdem er auf diese Art für ein gnadenloses kirchliches Strafgericht gesorgt hatte, wodurch er sich so mancher missliebigen Person entledigen konnte, richtete König João sein Augenmerk wieder auf die Kolonialisierung des Erdballs. Selbstverständlich sollte diese auch Hand in Hand mit einer weltweiten Christianisierung gehen.

Seine Seefahrer eroberten Provinzen im heutigen Oman, außerdem Inseln im indischen Ozean und im Malaiischen Archipel. Sie entdeckten den Seeweg nach Japan und begannen dort einen regen Handel. Schließlich gelang ihnen die Einigung mit China, das sich lange gegen eine Handelsbeziehung mit Portugal gesträubt hatte. Portugal gründete mit Macau seine erste Niederlassung im dortigen Kaiserreich und organisierte fortan den lukrativen Handel zwischen China und Japan. Die Bewohner beider Länder durften ihre jeweiligen Staatsterritorien nämlich nicht verlassen, ein Umstand, den sich Portugal geschickt zunutze machte.

König João spornte seine Kapitäne zu Höchstleistungen an und trieb sie zu immer neuen Entdeckungen. Es gilt heute als einigermaßen gesichert, dass seine Seeleute fast 250 Jahre vor James Cook die Ostküste Australiens erreichten. Und dennoch begann noch unter König João der Niedergang des portugiesischen Kolonialimperiums. Weil einzig er selbst, der Adel und der Klerus von den Einnahmen des Welthandels profitierten, trieb unter den Kolonialbeamten die Korruption immer groteskere Blüten. Gleichzeitig explodierten die Schulden, denn João versuchte zeitlebens seinen Vater Manuel in puncto Hofhaltung und Dekadenz zu übertrumpfen. Joãos Witwe Catarina sah sich deshalb 1560 gezwungen, den Staatsbankrott zu erklären. Sie war zu dieser Zeit Regentin seines noch minderjährigen Nachfolgers, ihres gemeinsamen Enkels Sebastião.

Als der Bursche schließlich volljährig wurde, stürzte er Portugal in eine weitere Katastrophe: Inspiriert von mittelalterlichen Ritteridealen träumte Sebastião davon, Nordafrika zu erobern. 1578 marschierte er mit einer 18.000 Mann starken Armee in Marokko ein. Das Unternehmen endete in einem Debakel, nur 60 Portugiesen kamen mit dem Leben davon. Sebastião gehörte nicht dazu.

Portugal, finanziell am Boden und nun zusätzlich auch noch militärisch extrem geschwächt, fiel zwei Jahre später in Personalunion an Spanien, ein Zustand, der 60 Jahre lang anhalten sollte. Und den sich andere ehrgeizige Kolonialmächte zunutze zu machen wussten. Nun begann die große Zeit der Engländer, Holländer und Franzosen, während Portugals Einfluss beständig sank.

Zu den Territorien, die den Portugiesen blieben, gehörte das riesige Reich im Osten Südamerikas. Nach dem Einmarsch der Truppen Napoleons in Lissabon und der Flucht der Königsfamilie nach Brasilien avancierte Rio de Janeiro sogar kurzfristig zum Regierungssitz Portugals. Als der Feldzug beendet war, wollte sich Brasilien freilich nicht wieder zur bloßen Kolonie degradieren lassen. Deshalb erklärte es 1822 seine Unabhängigkeit.

Das brasilianische Nationalgericht Feijoada erinnert noch heute an die Zeit des Kolonialreichs, denn es ist auch in Portugal sehr beliebt. In ihm verschmilzt die Aromenvielfalt der Kolonien mit dem Elend der Sklaven, deren Ausbeutung den Aufstieg zu Reichtum und Pracht erst ermöglichte. Für den Niedergang wussten die Herren schon selbst zu sorgen.

## Feijoada à portuguesa – Bohneneintopf auf portugiesische Art

### Zutaten für 4 Personen:

400 g schwarze Bohnen
400 g Schweinerippchen
200 g Farinheira (eine geräucherte Wurstspezialität aus Portugal, ersatzweise eine andere geräucherte Wurst aus Schweinefleisch)
200 g Chouriço (eine würzige Paprikawurst)
100 g gewürfelter Speck
200 g Kohlrabiblätter (noch besser, falls erhältlich: Couve Galega)
1 Zwiebel
2 Knoblauchzehen
3 Tomaten
3 Möhren
1 rote Chilischote
1 Bd. Blattpetersilie
1 Lorbeerblatt
3 Gewürznelken
8 schwarze Pfefferkörner
1 Tl Kreuzkümmel
1 Tl Paprikapulver (süß)
2 unbehandelte Orangen
Olivenöl
Salz
Pfeffer

### Zubereitung:

Die Bohnen über Nacht in kaltem, ungesalzenem Wasser einweichen. Die Zwiebel schälen und vierteln, Knoblauch häuten und fein hacken, Tomaten würfeln, Möhren putzen und in Scheiben schneiden, die Chilischote längs aufschneiden, die Kerne entfernen und danach die Chilischote fein hacken. Petersilienblättchen abzupfen und grob hacken, die Kohlrabiblätter von den Stängeln zupfen und grob zerreißen. Pfefferkörner und Gewürznelken in ein Tee-Ei füllen. Die Orangen waschen und quer in Scheiben schneiden.

Die abgetropften Bohnen und das Tee-Ei in einen Topf geben und Wasser hinzufüllen, bis die Bohnen gut bedeckt sind. Lorbeerblatt und Knoblauch hinzugeben, aufkochen und 40 Minuten lang bei mittlerer Hitze kochen lassen. Anschließend die Chouriço und die Rippchen hinzugeben, salzen und pfeffern.

Weitere 50 Minuten kochen lassen, dann Rippchen und Chouriço herausnehmen und abkühlen lassen. Die Pelle der Farinheira mehrfach mit einem Zahnstocher einpiksen, dann die Wurst zu den Bohnen geben und 20 Minuten mitkochen. Anschließend die Wurst herausnehmen und abkühlen lassen.

In einer Pfanne einen guten Schuss Olivenöl erhitzen und Speck, Möhren und Zwiebeln darin anbraten, bis alles leicht gebräunt ist. Dann Petersilie und Chili hinzugeben und kurz miträsten. Nun das Ganze zusammen mit den Tomaten, dem Paprikapulver und dem Kreuzkümmel zu den Bohnen geben und 20 Minuten mitkochen lassen, nach Bedarf noch ein wenig Wasser nachgießen.

In der Zwischenzeit das Fleisch von den Knochen lösen, Fleisch und Wurst in mundgerechte Stücke schneiden. Unter den Bohneneintopf mischen und 5 Minuten erhitzen, dann die Kohlrabiblättern unterrühren alles noch einmal weitere 5 Minuten kochen lassen. Zum Schluss das Lorbeerblatt und das Teeei entfernen.

Die Feijoada auf Tellern anrichten und jeweils 2–3 Orangenscheiben dazulegen. Dazu Reis servieren.

Eine Legende erzählt, dass die Farinheira während der portugiesischen Inquisition von Juden erfunden wurde. Sie verwendeten für die Herstellung der Wurst nur Mehl und Gewürze, denn Schweinefleisch zu essen, verbietet ihnen ja ihr Glaube. Die Farinheira wirkte aber wie eine Schweinswurst, damit konnten sie die Inquisition täuschen.

Das typische Sklavenessen Feijoada ist in vielen ehemaligen Kolonien Portugals verbreitet und existiert dementsprechend in den verschiedensten Variationen. In Portugal werden die typischen schwarzen Bohnen auch gerne durch Kidneybohnen ersetzt. In Brasilien kocht man Trockenfleisch sowie Schweinsfüße, Schweineohren und -zungen mit und serviert statt Reis geröstetes Maniokmehl. Die Allerärmsten bereiten Feijoada mit wenig oder ganz ohne Fleisch zu.

# Ein Sommertag im Herbst – Geschichten aus Lagos

Im Herbst legt sich allmählich Ruhe über Lagos. Es ist, als ob die kleine Hafenstadt tief durchatme, um sich dann lächelnd unter der noch freundlichen Sonne zu rekeln und auf die geruhsame Zeit der Winterpause einzustimmen. Zwar tummeln sich noch immer Touristen im Zentrum mit seinen bunten Läden und den vielen Restaurants. Aber das ist nichts gegen das Gewusel, von dem die engen Gässchen im Sommer schier überquellen. Nun dösen die lichten Fassaden der Häuschen an der Hafenpromenade, erschöpft vom sommerlichen Trubel, und die Palmen vor der Kaimauer stehen wie aufrechte Gardesoldaten, die den kommenden Schlaf des Städtchens bewachen werden.

Fluch und Segen von Lagos sind seine vielen kleinen Buchten, die von bunten Felsbögen, Grotten und Höhlen in ein fantastisches Märchenreich verwandelt werden. Manche Strände sind durch Höhlengänge miteinander verbunden, zu anderen führen steile Pfade oder schier endlose Treppen hinab.

Zusammen bilden die Buchten einen surrealen Skulpturenpark aus Formen und explodierenden Farben, als hätte sie ein Künstler im psychedelischen Rauschzustand arrangiert und bemalt: die Felsen in leuchtenden Rot-, Orange- und Ockertönen, das Meer von intensivem Türkis, der Sand wie flimmernder Goldstaub, Agaven, Zistrosen und Macchia von sattem Grün und ein Himmel aus endlos tiefem Blau.

Weil sich östlich der Altstadt zudem die kilometerlangen Sandstrände von Meia Praia und Alvor erstrecken, ist es kein Wunder, dass Lagos in den Fokus des Massentourismus geriet. Auch wenn es nicht ganz so mit Bettenburgen zugebaut ist wie seine Nachbarorte Portimão und Albufeira, reiht sich doch in der Hauptsaison auch an den Stränden von Lagos ein Sonnenschirm an den anderen. Und in den kleinen Felsbuchten wimmelt es von Booten und Schwimmern, an den Ufern die Sonnenanbeter, während sich Strandwanderer ihren Weg durch das Gedränge bahnen.

Wie entspannt ist es jetzt Ende Oktober, wo die meisten Touristen wieder in den kühlen Norden entschwunden sind. Die Farben sind vielleicht sogar noch intensiver als unter dem grellen Licht der Sommersonne, und in den Gassen und Sträßchen der Altstadt geht es gelassen zu. Es heißt, die Algarve sei mit jährlich mehr als 3.000 strahlenden Stunden die sonnenverwöhnteste Region von ganz Europa. Deshalb verzaubert sich hier selbst der Spätherbst in eine sommerliche Schönheit.

Und dennoch trieb es die Menschen seit jeher fort von Lagos. Es waren nicht nur die armen Bauern, die vor Hunger und Elend oder vor den Repressalien der Salazar-Diktatur im vergangenen Jahrhundert flohen und ihr Heil in der Emigration suchten. Lange vor ihnen sind es die portugiesischen Entdecker gewesen, die Lagos zum Ausgangspunkt ihrer großen Expeditionen machten. Im 15. Jahrhundert avancierte der Hafen von Lagos zu Europas Tor nach Afrika.

Der erste im Reigen dieser mutigen Seefahrer war Gil Eanes, ein geheimnisvoller Mann, über den so gut wie nichts bekannt ist. Man weiß nur, dass er im Auftrag Heinrichs des Seefahrers südwärts entlang der afrikanischen Küste segelte und dass er es als erster Europäer schaffte, das berüchtigte Kap Bojador zu umschiffen. Er brachte seinem Auftraggeber zum Beweis eine Rose von Jericho aus dem Süden der Sahara mit zurück nach Lagos. Diese Pflanze wurde im Mittelalter hochgeschätzt, nicht nur, weil sie von Maria auf ihrer Flucht vor den Häschern des Herodes gesegnet worden sein soll. Aufgrund ganz besonderer physikalischer Eigenschaften lässt sich das verdorrte Gewächs mithilfe von Wasser nämlich auch scheinbar wieder zum Leben erwecken, und das beliebig oft. Die Rose von Jericho gilt deshalb als Symbol der Wiederauferstehung.

Heinrich muss über das seltene Geschenk hocherfreut gewesen sein, aber mehr noch wird er sich über die gelungene Umseglung des Kap Bojador gefreut haben. Seit 1422 hatten Portugiesen dies nämlich ganze 15 Mal vergeblich versucht. Nicht zu Unrecht galt das Kap Bojador als Ende des befahrbaren Meeres, denn in dieser Region kommt der Wind zumeist aus Süden. Dadurch wird es notwendig, gegen den Wind zu kreuzen, und die damals gebräuchlichen Schiffe schafften das kaum.

Gil Eanes, der mit einem kleinen Einmaster unterwegs war, erkannte das Problem. In der Folge entwickelten seine Landsleute in Lagos die Karavellen, die ab 1440 vom Stapel liefen. „Er öffnete das alte Meer dem modernen Menschen", steht auf dem Denkmal des Gil Eanes in seiner mutmaßlichen Heimatstadt Lagos. Denn er gab den entscheidenden Anstoß zur Entwicklung dieses Schiffstyps.

Die Bauweise der Karavellen machte es möglich, leichter gegen den Wind zu kreuzen. Ohne diese Schiffe, das haben wir schon gehört, wären die großen Entdeckungsfahrten nicht möglich gewesen. Deshalb waren die Geheimnisse der Karavelle so wertvoll, dass ihre Baupläne nur mündlich an absolut vertrauenswürdige Schiffskonstrukteure weitergegeben wurden.

Lagos war inzwischen Portugals bedeutendster Flottenstützpunkt. Und so kam es, dass auch jener Kommandant seine Reise in Lagos startete, der 1472 die Inselfestung Eko im Königreich Benin eroberte. Er errichtete dort einen portugiesischen Handelsstützpunkt und taufte diesen zu Ehren seiner Heimatstadt auf den Namen Lagos. Dieses zweite Lagos ist heute die Hauptstadt von Nigeria und mit mehr als zehn Millionen Einwohnern die zweitgrößte Stadt ganz Afrikas. Dagegen verblasst die bescheidene Namensgeberin mit ihren gerade mal knapp 3.500 Bürgern, die im historischen Ortskern des Städtchens leben.

Das Lagos im Königreich Benin entwickelte sich schon bald zu einem bedeutenden Handelszentrum. Denn neben Palmöl, Elfenbein und Guineapfeffer wurden hier vor allem Sklaven umgeschlagen, und je mehr Kolonien Portugiesen und Spanier eroberten, desto stärker wuchs ihr Bedarf an Arbeitskräften. Der Sklavenhandel boomte. In Listen aus dem 18. Jahrhundert ist vermerkt, dass damals jährlich rund 35.000 Sklaven allein aus dem westafrikanischen Lagos verschifft wurden. Der erste Handel mit schwarzafrikanischen Sklaven im Europa der Neuzeit fand im portugiesischen Lagos statt. 1444 entstand hier der noch heute erhaltene Sklavenmarkt, der mit seinen Arkadenbögen so friedlich und ehrwürdig wirkt. Über 376 Jahre hindurch wurden hier Menschen verkauft, bis die Sklaverei 1820 endlich verboten wurde, und man mag sich gar nicht vorstellen, wie viel Leid und Verzweiflung das alte Gemäuer während all dieser Zeit in sich aufgesogen hat.

Der Sklavenmarkt liegt an der Praça do Infante Henrique, einem lichten Platz am Rand der Altstadt von Lagos, den eine Statue Heinrichs des Seefahrers ziert. Sie wurde anlässlich dessen 500. Todestags im Jahr 1960 aufgestellt. Entspannt hat der große Seefahrer, der selbst so gut wie nie zur See fuhr, auf einem Stein Platz genommen und blickt hinaus aufs Meer – dem Elend des Sklavenmarkts hat er wohlweislich den Rücken zugekehrt.

Von der Praça do Infante Henrique aus spazieren wir in das Labyrinth der Altstadtgassen, wo sich gut versteckt zahlreiche architektonische Schätze entdecken lassen. Zum Beispiel die Igreja do Santo António, eine Barockkirche, hinter deren unscheinbarer Fassade sich ein prachtvoller Innenraum mit üppigem Goldschmuck und fantastischen blauen Azulejo-Fliesen verbirgt.

Auf der Praça Gil Eanes, einem nach dem oben erwähnten ersten Umschiffer des Kap Bojador benannten Platz, begegnen wir einem weiteren Bekannten: wie ein Pokémon-Krieger erhebt sich in der Platzmitte die moderne Statue eines gigantischen Knaben, der etwas ratlos in die Ferne schaut.

Es handelt sich um König Sebastião I., den Enkel des Königs João III., von dessen unseligem Marokkofeldzug wir im letzten Kapitel gehört haben. Das Verhängnis nahm in Lagos seinen Lauf, und so fürchterlich es auch endete, so machte es doch aus dem jungen König Sebastião einen legendenumwobenen Volkshelden.

Seine Leiche wurde nie gefunden, ein Umstand, der die Gerüchteküche zum Brodeln brachte. Denn wer weiß, womöglich lebt Sebastião ja noch irgendwo und kehrt eines Tages zurück, um Portugal aus höchster Gefahr zu retten. Vielleicht, so denke ich mir, wird er sich dann mit Barbarossa zusammentun, der in Kleinasien ertrank und sich danach in den Kyffhäuser zurückgezogen haben soll. Dort wartet er nun auf bessere Zeiten, um eines Tages sein Kaiserreich zu erneuern. Doch eines hat der portugiesische Jüngling dem alten Barbarossa voraus: Immer wieder traten Halunken auf den Plan, die sich als wiedergekehrter Sebastião ausgaben, allein drei davon während der verhassten spanischen Herrschaft zur Zeit der Personalunion von Spanien und Portugal. Und das, obwohl es gerade Sebastião ganz maßgeblich angelastet werden muss, dass es überhaupt zu diesem Zustand hatte kommen können.

Auch Lagos und die Algarve-Küste wurden zu Leidtragenden der politischen Entwicklung nach dem Fiasko des Marokkofeldzuges. Denn nun herrschte Spanien über die Algarve, und die Spanier lieferten sich zu dieser Zeit einen üblen Streit mit den Engländern. Der spanische König Philipp II. hegte die Absicht, die in England herrschende Elizabeth I. vom Thron zu stürzen, und rüstete eine mächtige Flotte gegen die Feindin auf, seine Spanische Armada. Die Engländer hielten mit ihrer eigenen Marine dagegen, unter dem Kommando des berüchtigten Francis Drake. Der machte die Algarveküste zu seinem Operationsgebiet und versuchte von dort aus, das Auslaufen der Armada in Richtung Atlantik zu verhindern. Zahlreiche Küstenorte fielen seinen Kampfverbänden zum Opfer, das Schloss von Sagres wurde geschleift. Nur Lagos, dessen starke Befestigung noch aus maurischer Zeit stammte, konnte den Engländern erfolgreich Widerstand leisten.

Die Bedeutung von Lagos sank nach dem Erdbeben von 1755, als ein elf Meter hoher Tsunami die Stadt verwüstete. Zwar wurde sie wiederaufgebaut, doch der Gouverneur der Algarve zog es vor, seine Provinz ab jetzt von Faro aus zu regieren. Faro hatte deutlich geringere Schäden erlitten und schien daher eine sicherere Perspektive hinsichtlich zukünftiger Naturkatastrophen zu bieten. Lagos dümpelte jetzt nur noch vor sich hin, denn längst hatten andere Häfen wie Lissabon und Porto die Nase vorn. Vielleicht wäre Lagos nun tatsächlich immer so ein verschlafenes Nest wie an diesem Sommertag im Herbst. Wenn nicht die Touristen seine traumhaften Küsten entdeckt hätten…

# Bifana no pão – Schweineschnitzel im Brot

## Zutaten für 4 Personen:

4 leichte, lockere Weizenbrötchen
600 g in hauchdünne Scheiben geschnittene Schweineschnitzel
400 ml Rotwein
4 Knoblauchzehen
2 Zwiebeln
1 El Paprikapaste
½ Tl Piri-Piri
1 Tl Paprikapulver (edelsüß)
2 Lorbeerblätter
4 Gewürznelken
2 El Olivenöl
Salz
Pfeffer

## Zubereitung:

Die Zwiebeln schälen und in Ringe schneiden, die Knoblauchzehen häuten. Das Olivenöl in einer Pfanne erhitzen und das Fleisch von jeder Seite ein paar Sekunden anbraten, dann herausnehmen und beiseitestellen. Nun Knoblauch und Zwiebeln in die Pfanne geben und anschwitzen, bis die Zwiebeln glasig sind. Mit dem Rotwein ablöschen, Nelken, Lorbeerblätter, Paprikapaste, Paprikapulver und Piri-Piri hinzugeben und mit Salz und Pfeffer würzen. Gut verrühren, aufkochen und etwas einreduzieren, dann das Fleisch hinzugeben und alles bei geringer Hitze 20 Minuten köcheln lassen. Die Brötchen kurz aufbacken, damit sie warm werden. Dann aufschneiden, das Fleisch auf den unteren Hälften verteilen, mit Sud übergießen (dabei Knoblauchzehen, Lorbeerblätter und Nelken entfernen) und mit der oberen Brötchenhälfte bedecken. Alternativ kann man Bifana auch auf Maisbrotscheiben anrichten.

Bifana ist ein typischer Snack und wird in vielen portugiesischen Bars angeboten.

# Sangria portuguesa – portugiesische Sangria

## Zutaten:

1 Flasche Vinho Verde (weiß oder rosé)
2 cl Orangenlikör
2 cl Weinbrand
½ l Orangenlimonade (z. B. Sumol de laranja aus Portugal, es gehen aber natürlich auch andere Sorten)
1 Zimtstange
5 El brauner Zucker
1 Orange
1 Limette
1 Apfel
10 Erdbeeren
1 Handvoll Himbeeren
ca. 300 ml Apfelsaft
1 kl. Bd. frische Minze

## Zubereitung:

Den Apfelsaft in eine Eiswürfelform gießen und im Eisfach gefrieren lassen. Die Orangenlimonade kalt stellen.

Apfel, Orange und Limette schälen und in kleine Stücke schneiden, die Erdbeeren vierteln und alles zusammen mit den Himbeeren, dem Zucker und der Zimtstange in einen Sangriakrug geben. Mit dem Vinho Verde übergießen, dann Orangenlikör und Weinbrand hinzugeben, gut umrühren und 4 Stunden lang im Kühlschrank durchziehen lassen.

Die Minzeblättchen abzupfen und vor dem Servieren unterrühren. Mit der Orangenlimonade auffüllen, noch einmal rühren und ganz zum Schluss die Eiswürfel aus Apfelsaft hinzugeben.

# Flower-Power auf Portugiesisch – die Nelkenrevolution

Dass Imaculada keine junge Frau mehr ist, merkt man ihr kaum an. Sie trägt ein weit geschnittenes Sommerkleid mit buntem Blumenmuster, und bei der leichten Brise, die vom Meer herüberweht, scheint es sie fröhlich zu umtanzen. Fast so, als wolle es das Leben als solches feiern. Tiefe innere Zufriedenheit spiegelt sich in Imaculadas unverstelltem Lächeln, das wiederum in den zahllosen Lachfältchen widerscheint, die ihre funkelnden Augen rahmen. Ihr langes Haar ist noch immer üppig, auch wenn das tiefe Schwarz der Jugendzeit längst einem würdevollen Grau gewichen ist.

Imaculada ist die Vermieterin unseres Ferienhauses, und sie hat uns für den Abschiedsabend zu einem Glas Wein eingeladen. Ein paar Erdbeerbäume rahmen ihre Terrasse, die sich zu einem weiten Blick über die Felsküste öffnet. Davor plätschert ein Brünnlein, in dem sich eine schwimmende Steinkugel dreht, und in der Ecke, umrankt von sattroten Hibiskusblüten, ruht ein sitzender Bronze-Buddha in meditativer Entrückung. Ein Klangspiel, das sanft vom Wind gestreichelt eine kristallhelle Weise dazu singt, vervollständigt das Bild. Imaculada scheint mir wie das klischeehafte Idealbild einer in die Jahre gekommenen Hippiefrau, sie wirkt fast wie die letzte Zeugin einer unbeschwerten Zeit voller Hoffnung auf eine freundlichere und friedlichere Welt.

„Ja“, lacht sie, als habe sie meine Gedanken gelesen. „Die Flower-Power hat mich begeistert, als ich noch jung war. Ich wäre so gerne dabei gewesen, singend, tanzend und mit Blumen im Haar! Aber hier in Portugal lebten wir in einer anderen Welt. Es war, als seien wir abgeschnitten von aller Lebensfreude, gefangen in einer uralten, düsteren Schwarzweißfotografie. Besonders wir jungen Frauen empfanden das damals so.“

Dann erzählt sie von der Zeit des Estado Novo, der Militärdiktatur unter António de Oliveira Salazar, die zu Beginn der Dreißigerjahre die Macht in Portugal übernahm und zum am längsten währenden faschistischen Regime im Europa des letzten Jahrhunderts werden sollte. Zuvor hatte 1926 ein Militärputsch die demokratischen Träume der jungen portugiesischen Republik hinweggefegt, die erst 1910 auf die Monarchie gefolgt war.

Schnell stieg Salazar zum Chef der neuen Regierung auf, und geschickt manövrierte er sein Land durch die Zeit des Zweiten Weltkriegs. Er erklärte Portugal für neutral, was es davor bewahrte, direkt vom Krieg betroffen zu werden. Andererseits trieb er Geschäfte mit beiden verfeindeten Blöcken, erst gegen Ende des Krieges sicherte er sich geschickt das Wohlwollen der späteren Siegermächte. Er sympathisierte mit Mussolini, hingegen missfiel ihm als überzeugtem Katholiken die antikirchliche Ideologie des Hitlerregimes zunehmend. Am ehesten fühlte er sich dem spanischen Diktator Franco verbunden.

So überdauerte der Faschismus in Portugal den Zweiten Weltkrieg, als Gründungsmitglied der NATO wirkte das Land sogar eine Zeit lang wie ein Musterknabe des Westens. Erst ab 1960 geriet Portugal unter Druck, als immer mehr afrikanische Kolonien ihre Unabhängigkeit forderten. Während andere Nationen ihre Kolonien aufgaben, wehrten sich die Portugiesen als älteste Kolonialherren Europas mit aller Macht, wodurch ein Kolonialkrieg ausbrach, der 13 Jahre dauern sollte.

Dieser Zustand schürte in zunehmendem Maße das Unbehagen der portugiesischen Bevölkerung. Salazar regierte mit harter Hand, seine politischen Gegner, später auch die Mitglieder der afrikanischen Unabhängigkeitsbewegungen, ließ er rücksichtslos aus dem Weg räumen. 1936 entstand zu diesem Zweck ein Konzentrationslager auf den Kapverdischen Inseln, dessen Personal zum Teil im KZ Dachau ausgebildet wurde. Erklärte Absicht der Lagerleitung war es, durch unmenschliche Haftbedingungen und mangelhafte Versorgung den schnellen Tod der Gefangenen herbeizuführen.

Daheim in Portugal gab sich Salazar als kühler Intellektueller, der auf den für Diktatoren sonst allgemein üblichen Personenkult verzichtete. Auch folgte sein Estado Novo keiner expliziten Ideologie. Das gesamte Gepräge des Staates richtete sich schlicht und einfach ausschließlich auf Salazar aus, der Rest der Bevölkerung wurde im Sinne des Faschismus gleichgeschaltet. Von äußeren Einflüssen ließ Salazar das Land strikt abschotten. Mit strenger Pressezensur, harten Repressionen sowie grausamer Folter sorgte die Geheimpolizei für die Einhaltung der Gebote des Diktators. Sämtliche politische Parteien erklärte Salazar für verfassungswidrig und verbot sie. Insgesamt achtete sein Regime darauf, die Bevölkerung politisch unmündig, unwissend und in Unfreiheit zu halten. Vier Jahre Grundschule, mehr Bildung gab es in der Regel nicht. Mehr als ein Drittel der Portugiesen konnten weder lesen noch schreiben.

„Aber wir bekamen trotzdem mit, dass es in Nordeuropa und Amerika ganz anders zuging. Dass die Menschen dort mehr Rechte und Freiheiten genossen als wir“, seufzt Imaculada, und eine kleine Falte zwischen ihren Brauen erzählt von der Irritation, die sie als Heranwachsende deswegen empfunden haben muss.

„Und besonders ungerecht empfanden wir jungen Frauen diesen Zustand. Während anderenorts in den freien Ländern über Frauenrechte diskutiert wurde, galt für uns nur Kinder-Küche-Kirche. Frauen mit höherer Schulbildung durften zwar seit 1934 wählen, wobei die Wahlen natürlich nichts als reine Farcen darstellten. Doch Salazar verankerte in der Verfassung einen Passus, der alle rechtlichen Einschränkungen für Frauen legitimierte, und zwar aufgrund ihrer, so wörtlich, ‚unterschiedlichen Natur und zugunsten des Familieninteresses'." Die kleine Falte zwischen Imaculadas Brauen hat sich inzwischen zu einer deutlichen Zornesfurche vertieft.

„Die Möglichkeit, sich scheiden zu lassen, wurde abgeschafft, und weil Salazar Frauen das Recht auf einen eigenen Pass verweigerte, standen sie de facto unter der Kontrolle ihrer Ehemänner. Die Schikanen gingen sogar so weit, dass es von Staat und Kirche finanzierte Hochzeitsfeiern und Aussteuern gab, vorausgesetzt, die Braut legte ein Attest über ihre Jungfräulichkeit vor! Und noch 1966 schrieb ein neues Gesetz das alleinige Bestimmungsrecht des Vaters über die Kindererziehung fest!" Imaculada hat sich sichtlich in Rage geredet. „Es ist doch kein Wunder, dass der Unmut über diese Bevormundung gerade unter den jungen Frauen wuchs. Alle Welt redete von Emanzipation und von sexueller Revolution, nur wir sollten uns weiterhin unterordnen und knechten lassen!"

Hinzu kamen wachsende Zweifel an der unversöhnlichen und rigorosen Vorgehensweise der portugiesischen Regierung in Afrika. Die Jugend der westlichen Welt protestierte gegen den Vietnamkrieg, nur in Portugal waren die Menschen mundtot gemacht und mussten zum Krieg ihres eigenen

Landes schweigen. Doch eine zunehmende Zahl der Portugiesen lehnte den Kolonialkrieg ab. Nicht nur kostete das blutige Gemetzel unzählige Menschenleben, es verschlang auch 50 Prozent des portugiesischen Staatshaushalts. Und der war nicht gerade üppig bestückt, denn abgesehen von einer reichen Elite lebten die meisten Portugiesen in ärmlichsten Verhältnissen. Obwohl das Land nur knapp zehn Millionen Einwohner zählte, leistete es sich eine Armee von 200.000 Soldaten. Die meisten von ihnen waren in Afrika stationiert, und das für eine offensichtlich verlorene Sache, die letztlich nur das Kolonial-Business der Oberschicht bewahren sollte. Das starrköpfige Festhalten an den Kolonien und das grauenhafte Blutvergießen im Afrikakrieg führten Portugal zudem moralisch immer tiefer in die Isolation. Auch die führenden Militärs zweifelten zunehmend am Sinn des Kurses ihrer Regierung.

Als Salazar 1968 einen Schlaganfall erlitt, der ihn handlungsunfähig zurückließ, trat Marcelo Caetano als sein Nachfolger ein schwieriges Erbe an. Seine vorsichtigen Reformen zeigten bestenfalls nur kosmetische Wirkung. Als einflussreichster Kritiker von Caetanos Regierungsarbeit machte der hoch geachtete General António de Spínola auf sich aufmerksam, der vor allem in militärischen Kreisen immer mehr Anhänger um sich scharte. In der Bewegung „Movimento das Forças Armadas", kurz MFA, schlossen sich die Regimegegner zusammen. Anfang 1974 veröffentlichte Spínola seine Reformvorschläge schließlich in einem Buch. Insbesondere forderte er die Teilnahme des Volkes an der politischen Willensbildung und postulierte das Recht der Kolonien auf Selbstbestimmung. Die Resonanz war enorm, und endlich schmiedete die MFA einen Plan.

„Ich lebte damals, im April 1974, in Lissabon, und wir jungen Leute spürten, dass die Revolution in der Luft lag", erzählt Imaculada, deren Miene sich inzwischen wieder aufgehellt hat. „Wir saßen zusammen und hörten im Radio den katholischen Sender, denn es ging das Gerücht, dass es an diesem Abend ein besonderes Musikprogramm geben werde. Kurz nach Mitternacht geschah es: Sie spielten das verbotene Lied!"

„Grândola, Vila Morena" heißt der politische Kampfsong, der schon 1964 entstanden war. Er ist im Stil der traditionellen Gesänge des Alentejo komponiert und besingt die Solidarität der Landarbeiter. „Grândola, braungebrannte Stadt, Heimat der Brüderlichkeit. Das Volk ist es, das am meisten bestimmt in dir, o Stadt", heißt es in der ersten Strophe, und das war Grund genug für das Salazar-Regime gewesen, das Lied zu verbieten. Diese anstößige Zeile verlas der Radiosprecher zunächst, um danach das Lied gleich zweimal hintereinander zu spielen. Es war das verabredete Zeichen der MFA. Noch in der Nacht besetzten putschende Armee-Einheiten die strategisch wichtigen Punkte Portugals.

„Wir liefen sofort hinaus auf die Straße, überall strömten die Menschen aus ihren Häusern. Wir empfanden euphorische Freude, aber gleichzeitig hatten wir Angst. Wer konnte schon wissen, was nun geschehen würde? Ob die Regierung unseren Aufstand nicht sogleich mit Gewalt und Blut im Keim ersticken würde?"

Doch das Regime war alt und behäbig. Es ahnte nicht im Geringsten, was sich hinter seinem Rücken zusammenbraute, obwohl der Aufstand von langer Hand vorbereitet wurde. Als Machthaber Caetano die Vehemenz der Verschwörung seines Volks und seiner Truppen sah, erkannte er schnell, dass er auf verlorenem Posten stand. Er erklärte seinen bedingungslosen Rücktritt und floh zunächst nach Madeira, dann weiter nach Brasilien. Binnen 18 Stunden war die älteste faschistische Diktatur der Welt an diesem 25. April des Jahres 1974 gestürzt.

„Wir konnten unser Glück nicht fassen! Ganz Lissabon verwandelte sich in eine einzige Partymeile! Menschen jubelten und tanzten auf den Straßen, Autofahrer veranstalteten Hupkonzerte." Imaculadas Augen leuchten bei der Erinnerung. „Und dann passierte es. Die Soldaten, meist junge Kerle, viele von ihnen unbeteiligt an der Aktion der MFA, standen verunsichert herum und beobachteten das ausgelassene Treiben ratlos. Sie hielten ihre Gewehre geschultert und wussten nicht so recht, was sie nun tun sollten. Plötzlich steckte eine Frau einem dieser Burschen eine rote Nelke in den Lauf seines Gewehrs, das Symbol der sozialistischen Arbeiterbewegung. Zufällig stand ein Fotograf daneben und verewigte den Moment. Das entfachte einen wahren Flächenbrand. Mit einem Mal ragten überall rote Nelken aus den Gewehrläufen, ganz Lissabon leuchtete nelkenrot! Am Ende regnete es sogar aus Hubschraubern rote Nelken!"

Im Handumdrehen kehrten Widerständler, Kriegsdienstverweigerer, Intellektuelle und Künstler, die vor der Diktatur geflohen waren, aus dem Exil zurück nach Portugal. Und schon entbrannte der Streit um den weiteren politischen Kurs des Landes. Einigkeit herrschte darüber, die Kolonien in die Unabhängigkeit zu entlassen und den Krieg zu beenden. Auch auf eine Hexenjagd auf die Schergen des Regimes wurde verzichtet, das berüchtigte Konzentrationslager auf den Kapverden musste schließen. Im Alentejo verjagten Landarbeiter die Großgrundbesitzer, und es sah für eine Weile danach aus, als würde die Linke die weitere Entwicklung bestimmen.

„Auf einmal kamen Leute aus ganz Europa nach Lissabon. Sie waren Ideologen, Idealisten und Anhänger der 68er-Bewegung, die meinten, hier bei uns entstehe das ersehnte Eldorado der Revolution. Sie erkoren Lissabon zu ihrem Wallfahrtsort." Ein Lächeln gleitet über Imaculadas Züge. „Das war eine wunderbare Zeit. Ich kann gar nicht beschreiben, wie glücklich mich das machte. Auch ich glaubte, ein neues Zeitalter bräche an, genauso, wie die Hippies es sich erträumten."

Aber es sollte anders kommen. Katholische Dogmen und Ideale prägten die Bevölkerung Portugals, der wilde Ausbruch und die übermütigen Exzesse schockierten die meisten. Deshalb formierten sie sich zum konservativen Widerstand. Für einige Jahre bekämpften sich die bürgerlich-reaktionären und die linksradikalen Kräfte des Landes, letztere fanden sich vor allem innerhalb der Streitkräfte. Doch Schritt für Schritt fand Portugal den Weg zur Demokratie. Schließlich gliederte es sich in den marktwirtschaftlichen und politischen Konsens Westeuropas ein. Seit 1986 ist Portugal Mitglied der Europäischen Gemeinschaft, 1999 trat es der Eurozone bei.

„Letztendlich ist das neue Zeitalter doch angebrochen", schließt Imaculada ihren Bericht und schaut hinaus aufs Meer. Die Sonne steht inzwischen tief über dem Horizont und taucht den Atlantik in rotgoldenen Glanz.

Imaculada hebt ihr Glas, als proste sie ihm zu. „Und ich bin ganz zufrieden damit."

# Caldeirada de peixe – portugiesische Fischsuppe

## Zutaten für 4 Personen:

600 g Seefischfilet
400 g Venusmuscheln
400 g Kartoffeln (festkochend)
400 g Tomaten
500 ml Fischfond
250 ml Weißwein (z. B. Vinho Verde)
2 Zwiebeln
1 rote Paprikaschote
1 gelbe Paprikaschote
2 Knoblauchzehen
1 kl. Bd. Koriander
2 Lorbeerblätter
Saft von ½ Zitrone
1 Tl Paprikapulver (edelsüß)
150 ml Olivenöl
Salz
Pfeffer

## Zubereitung:

Zwiebeln und Knoblauch schälen und in Scheibchen bzw. Ringe schneiden. Die Paprika waschen, halbieren, entkernen und in dünne Streifen schneiden. Die Kartoffeln schälen und in ca. 1 cm dicke Scheiben schneiden. Die Tomaten ebenfalls in Scheiben schneiden. Nun alles in eine Schüssel geben, salzen, pfeffern, 100 ml Olivenöl zugießen und alles gut vermischen. Die Korianderblättchen abzupfen und fein hacken, die Hälfte unter die Gemüsemischung geben, den Rest beiseitestellen.

Die Muscheln 30 Minuten wässern, dann unter fließendem Wasser gut abbürsten, bereits geöffnete Exemplare entfernen.

Die Fischfilets putzen, in mundgerechte Stücke schneiden, mit dem Zitronensaft beträufeln und salzen.

Die Muscheln in einen Topf geben und mit dem restlichen Olivenöl beträufeln. Die Hälfte der Gemüsemischung darauf verteilen, dann die Fischfilets und die Lorbeerblätter darüberlegen. Mit der restlichen Gemüsemischung bedecken und das Paprikapulver darüberstreuen. Mit Wein und Fischfond übergießen, aufkochen, dann die Temperatur reduzieren, mit dem Deckel verschließen und bei mittlerer Hitze 30 Minuten lang garen. Dabei gelegentlich den Topf rütteln, aber keinesfalls rühren.

Beim Portionieren darauf achten, dass die Schichtung erhalten bleibt, und Muscheln, die noch geschlossen sind, entfernen.

Auf vier Tellern verteilen und mit dem restlichen Koriander bestreuen.

# Torta de Laranja – portugiesische Orangenrolle

## Zutaten:

350 g Zucker
100 g Butter
8 Eier
2 El Mehl
1 unbehandelte Orange
Puderzucker

## Zubereitung:

Die Orange waschen und 1 El des äußersten Schalenanteils fein abreiben, dann die Orange auspressen. Die Eier mithilfe des Schneebesens mit Mehl und Zucker verquirlen. Die Butter zerlassen (sie darf aber nur lauwarm sein) und zusammen mit Orangensaft und -schale mit dem Schneebesen unter die Ei-Zucker-Masse rühren.

Den Backofen auf 180°C vorheizen. Ein Backblech mit Backpapier auslegen und den Teig gleichmäßig darauf verteilen 15 – 20 Minuten backen, bis die Oberfläche goldbraun ist. Dann aus dem Ofen nehmen, mit dem Backpapier auf eine Arbeitsfläche ziehen und sofort zur Rolle aufrollen.

Abkühlen lassen, dann abgedeckt in den Kühlschrank stellen. Eiskalt servieren, davor mit etwas Puderzucker bestäuben.

# Das letzte Wort

Liebe Leser,

ich hoffe, Ihnen hat unser Ausflug nach Portugal gefallen. Versäumen Sie nicht die zahlreichen Fotos aus dem Land am wilden Atlantik auf www.almutirmscher.de, mit denen Sie die Eindrücke aus diesem Buch ergänzen und abrunden können.

Natürlich freue ich mich über Ihre Tipps, Hinweise oder Anregungen und beantworte auch gerne Ihre Fragen. Schreiben Sie mir einfach an kontakt@almutirmscher.de.

Vielen Dank und…

*Tchau tchau* – bis bald in Portugal!

Ihre
Almut Irmscher

# Danksagung

Ich danke allen, die mich mit Tipps und Anregungen unterstützt haben. Ganz besonders danke ich wie immer meinem Mann Ulrich Otto, ohne seinen Rat, seine Korrekturen, seine Aufmunterungen und seine ständige Bereitschaft, mir alle Hindernisse aus dem Weg zu räumen, wäre meine Arbeit nicht möglich.

Mein herzlicher Dank geht auch dieses Mal wieder an meine Freundin Rosi Seidl, die mit vielen großartigen Aufnahmen dazu beigetragen hat, das Fotoalbum zum Buch noch eindrucksvoller zu gestalten. Von ihr stammt auch das Titelbild (Lagos, Ponta da Piedade).

Und last but not least gebührt besonderer Dank meiner Freundin Gunhild Hexamer, die mich nicht nur durch die Jahrzehnte meines Lebens begleitet hat, sondern auch die Entstehung meiner Bücher jedes Mal aufs Neue unermüdlich und engagiert mit ihren Hinweisen, Korrekturen und Anregungen begleitet. Sie ist es auch gewesen, die mir überhaupt erst den Anstoß zum Schreiben gegeben hat. Ohne Gunhild gäbe es meine Bücher nicht. Gunhild ist selbst Autorin, wenn Sie sich für Nordamerika interessieren, dann empfehle ich Ihnen ihre Bücher und die Website www.ghexamer.de.

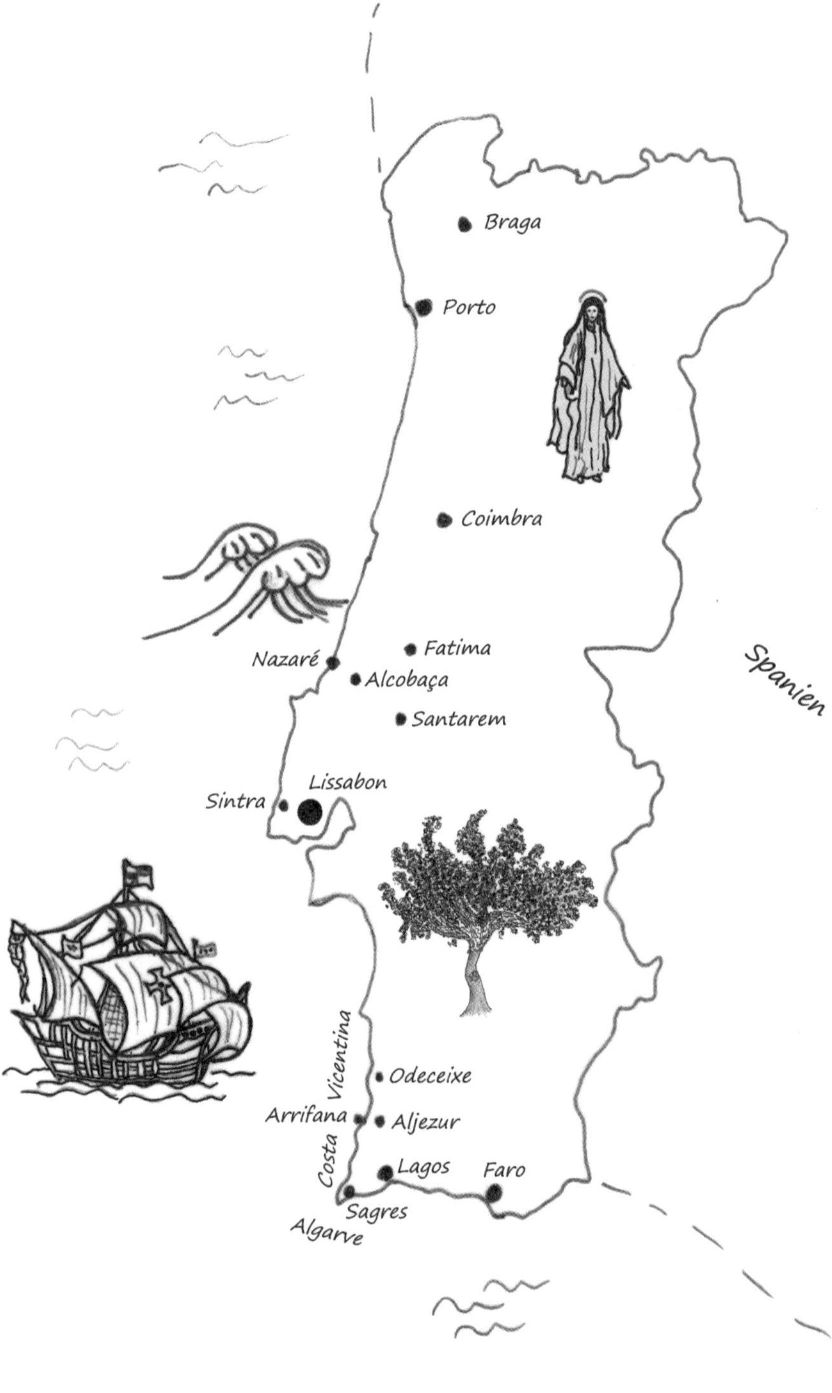
Braga
Porto
Coimbra
Fatima
Nazaré
Alcobaça
Santarem
Spanien
Lissabon
Sintra
Costa Vicentina
Odeceixe
Arrifana
Aljezur
Lagos
Faro
Sagres
Algarve

Seenebel über der Costa Vicentina

Zisterzienserkloster Alcobaça

Ponta da Piedade, Lagos

Praia do Tonel, Sagres

Praia de Monte Clérigo, Costa Vicentina

Surfschüler

Praia de Monte Clérigo, Costa Vicentina

Praia de Monte Clérigo, Costa Vicentina

Arrifana, Costa Vicentina

An der wilden Costa Vicentina

An der wilden Costa Vicentina

Faro

An der wilden Costa Vicentina

Porto

Arrifana, Costa Vicentina

Ponta da Piedade, Lagos

Torre de Belem, Lissabon

Praia da Senhora da Rocha, Porches

Nazaré

Korvette, gesehen in Lissabon

Ponta da Piedade, Lagos

Ponta da Piedade, Lagos

Porto

Arrifana, Costa Vicentina

Arrifana

Arrifana, Costa Vicentina

Ponta da Piedade, Lagos

Mosteiro da Batalha

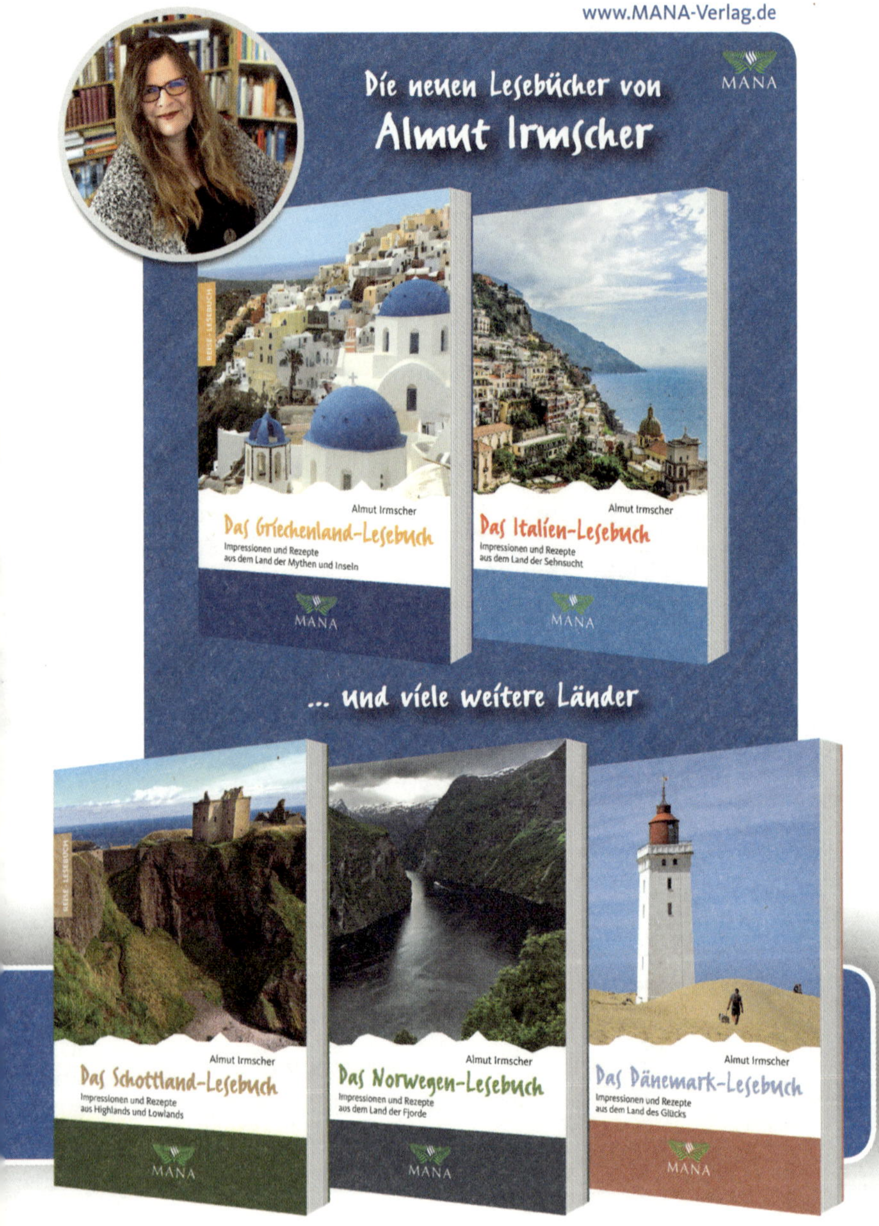
www.MANA-Verlag.de
MANA
Die neuen Lesebücher von
Almut Irmscher
Almut Irmscher
Das Griechenland-Lesebuch
Impressionen und Rezepte aus dem Land der Mythen und Inseln
MANA
Almut Irmscher
Das Italien-Lesebuch
Impressionen und Rezepte aus dem Land der Sehnsucht
MANA
... und viele weitere Länder
Almut Irmscher
Das Schottland-Lesebuch
Impressionen und Rezepte aus Highlands und Lowlands
MANA
Almut Irmscher
Das Norwegen-Lesebuch
Impressionen und Rezepte aus dem Land der Fjorde
MANA
Almut Irmscher
Das Dänemark-Lesebuch
Impressionen und Rezepte aus dem Land des Glücks
MANA